Gesta Dei per Francos
HISTOIRE
ET
GEOGRAPHIE
MADAGASCAR
accomplissant le Reve
grandes nations"

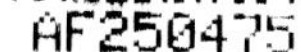

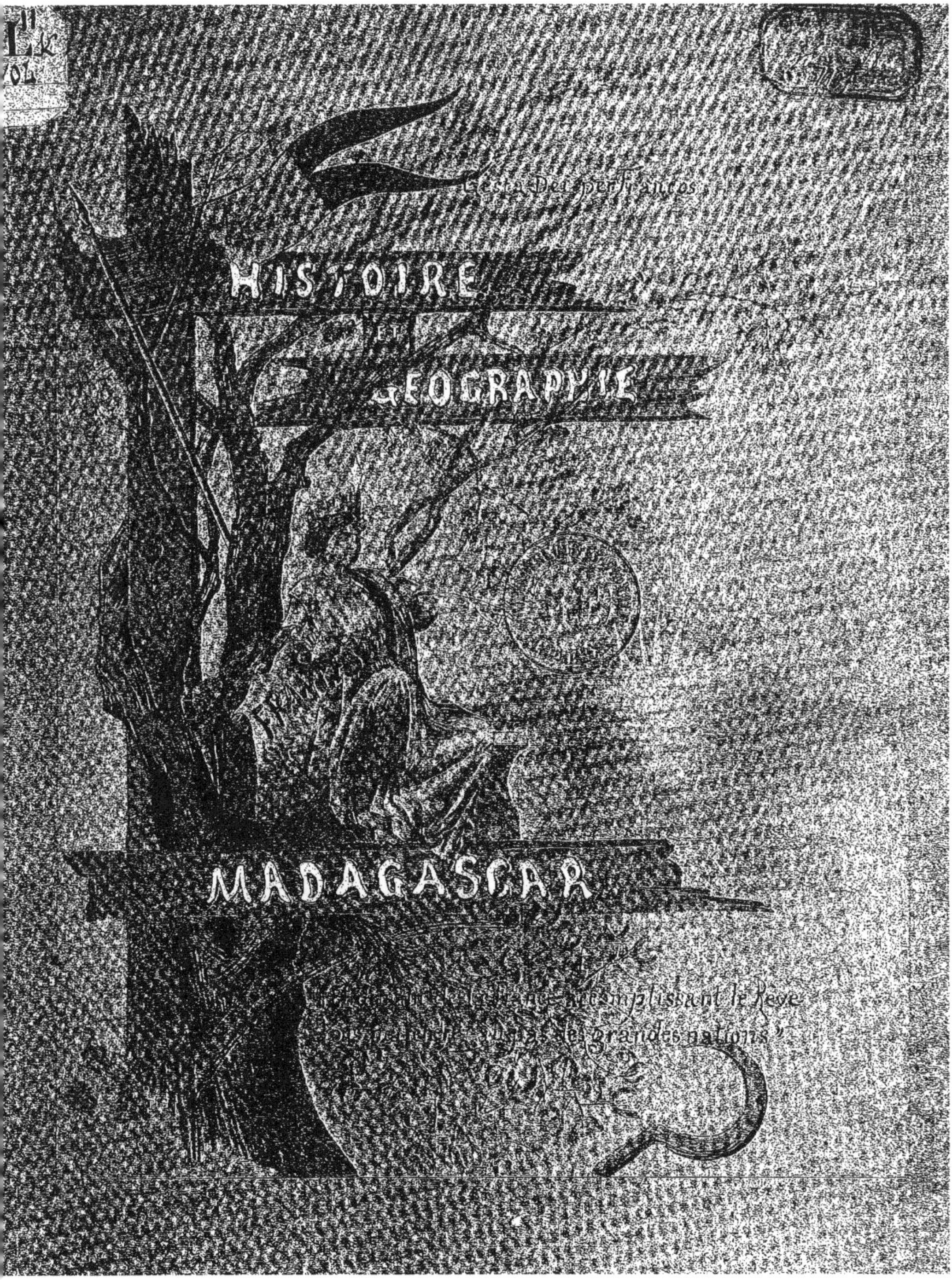

RR. PP. CADET et THOMAS, S. J.

MADAGASCAR

HISTOIRE ET GÉOGRAPHIE

ÉLÉMENTAIRES

Texte Français et Malgache

DEUXIÈME ÉDITION

CH. POUSSIELGUE, ÉDITEUR

15, RUE CASSETTE, PARIS

1901

OUVRAGES ET DOCUMENTS CONSULTÉS

R. P. Abinal. — *Vingt ans à Madagascar.*
Académie des sciences (C.-R.). — Communications de MM. A. Grandidier, Lacroix et du R. P. Colin.
Annuaires de Madagascar. — Années 1898-1900.
Bulletin de la Société géographique de Paris — 1893.
R. P. Callet. — *Tantara ny Andriana.*
Dʳ L. Catat. — *Voyage à Madagascar.*
A. Colin (éditeur). — *Guide de l'immigrant à Madagascar* (3 vol. et un atlas).
R. P. Colin. — *Annuaires de l'observatoire de Tananarive.* — Années 1889-1893.
Mélodies malgaches.
RR. PP. Colin et Suau. — *Madagascar et la mission catholique.*
Rᵈ Ellis. — *Three visits to Madagascar.*
État-major de Tananarive. — Publications carthographiques de 1897-1899.
A. Grandidier. — *Histoire physique, naturelle et politique de Madagascar.*
Hachette (éditeur). — Atlas colonial.
Hansen. — Carte de Madagascar au 750.000ᵉ.
Journal officiel de Madagascar et dépendances. — Années 1896-1899.

De Lapparent. — *Leçons de Géographie physique.*
Malleterre et Legendre. — *Livre-atlas des colonies françaises : l'Océan Indien.*
R. P. Malzac. — *Tantaran' ny andriana nanjaka teto Imerina.*
Marine (Cartes de la Marine). — Côtes et ports de Madagascar.
Martineau. — *Madagascar en 1894.*
Musée de Tananarive.
Notes, reconnaissances et explorations. — Livraisons 1-28.
R. P. Piolet. — *Madagascar, sa description et ses habitants.*
— Douze leçons à la Sorbonne.
Guide de l'émigrant à Madagascar.
Mᵐᵉ Pfeiffer. — *Voyage à Madagascar.*
R. P. de Régnon. — *Radama II.*
Revue de Madagascar.
Revue générale des sciences pures et appl. — 1895.
R. P. Roblet et M. A. Grandidier. — Carte de Madagascar au 1.000.000ᵉ — l'Imerina — le Betsileo.
Service géographique de l'armée — Carte de Madagascar au 2.000.000ᵉ.
Rᵈ J. Sibree. — *The great african island.*
R. P. de la Vaissière. — *Histoire de Madagascar* (2 vol. in-8ᵉ).

TYPOGRAPHIE FIRMIN-DIDOT ET Cⁱᵉ. — MESNIL (EURE).

HISTOIRE ET GÉOGRAPHIE

Gesta Dei per Francos.

FRANCE

MADAGASCAR

« ... France accomplissant le Rêve ... pas des grandes nations »

HISTOIRE

TABLE DES ILLUSTRATIONS

CARTES

GRAVURES

CHANTS

* Les gravures marquées d'un astérisque sont extraites de *Madagascar et la mission catholique*, par les PP. Colin et Suau. L'extrême obligeance avec laquelle l'éditeur, M. Sanard, les a mises à notre disposition, mérite l'expression publique de nos plus vifs remerciements.

HISTOIRE ABRÉGÉE

DE

MADAGASCAR

## CHAPITRE PREMIER.	## TOKO I.

<table>
<tr><td>

DÉCOUVERTE DE MADAGASCAR (1506). — ORIGINE DES MALGACHES.

1. — *Qu'est-ce que Madagascar?*

Madagascar est une des plus grandes îles du monde, située dans l'Océan Indien et en face de la côte sud-orientale d'Afrique, dont elle est séparée par le canal de Mozambique.

2. — *D'où lui vient son nom de Madagascar, et à ses habitants le nom de Malgaches?*

Le nom de Madagascar aurait été donné d'abord par le célèbre voyageur Marco Polo à une autre contrée du continent africain, et c'est par erreur qu'on l'aurait appliqué plus tard à la grande île.

De ce nom est venu celui des habitants, qu'on appelle communément *Malgaches*.

3. — *Depuis quand ce pays est-il connu?*

Il semble l'avoir été à une époque très reculée par les divers peuples que le négoce portait sur tous les rivages de l'Océan Indien, tels qu'Arabes des côtes d'Afrique et d'Asie, Égyptiens, Indiens, Malais, Chinois même.

En Europe, c'est à peine si on connut l'existence de la grande île, jusqu'au jour où les Portugais en firent la découverte.

</td><td>

NY NAHITANA ANY MADAGASKARA (1506). — NY NIHAVIAN' NY MALAGASY.

1. — *Inona Madagaskara?*

Madagaskara dia anisan' ny nosy lehibe indrindra amin' izao tontolo izao, ao amin' ny ranomasina Indiana tandrifin' ny moron-tsiraky Afrika atsimo-atsinanana, ary ny andilan-dranomasina Masombika no elanelan' izy sy Afrika.

2. — *Avy aiza no nihavian' ny anarany hoe Madagaskara, sy ny anaran' ny mponina ao aminy hoe Malagasy?*

Tany am-boalohany, dia faritany anankiray hafa any Afrika, hono, no nataony Marco Polo, mpivahiny malaza, hoe : Madagaskara. Fa taty aoriana dia diso ny olona, ka ity nosy ity indray no tonga nataony Madagaskara.

Ary ny hoe Madagaskara kosa no nahatonga ny anaran' ny mponina hoe :*Malagasy*, izay anarana iantsoan' ny be sy ny maro azy.

3. — *Hatr' oviana moa no nahalalan' ny olona ity tany ity?*

Toa efa ela izany ary ny nahalala azy taloha dia olona samihafa nandehandeha nivarotra tamin' ny sisin-tany rehetra anatin' ny ranomasina Indiana, toy ny Arabo avy amin' ny sisin-taniny Afrika sy Asia, ny Ejipsiana, ny Indiana, ny Malais, ny Sinoa koa aza.

Tany Eoropa dia saiky tsy fantatra akory izay hoe misy io nosy lehibe io, hatramin' ny andro nahitan' ny Portugais azy.

</td></tr>
</table>

4. — À quelle date eut lieu cette découverte?

Les Portugais aperçurent Madagascar pour la première fois en l'an 1500. Ils y abordèrent peu après, sur la côte nord-est, en revenant des Indes. Enfin, le 10 août 1506, allant de Mozambique aux Indes, ils y descendirent de nouveau, sur la côte ouest, et donnèrent à l'île le nom de Saint-Laurent, dont on célébrait la fête en ce jour.

5. — Les Portugais n'essayèrent-ils pas de s'établir à Madagascar?

Ils y fondèrent en effet quelques établissements, soit sur la côte nord-ouest, en 1509, soit au sud-est, vers 1540, dans un îlot situé

4. — Oviana moa ny Portugais no nahita azy?

Tamin' ny taona 1500 no nahatazanan' ny Portugais azy voalohany, ka taoriana kelin' izany, tamin' izy niverina avy tany India, dia nitody tao avaratr' atsinanana. Ary farany, tamin' ny 10 août 1506, raha niala tao Masombika izy ireo ka nankany India, dia nitody tao andrefana indray, ary satria fetiny Md. Laurent tamin' izay, dia Nosiny Md. Laurent no nataony anarany.

5. — Moa tsy nitady kiorim-ponenana teto Madagaskara ve ny Portugais?

Nonina kely tao amoron-tsiraka avaratr' andrefana hiany izy tamin' ny taona 1509, ary tamin' ny taona 1540 tao atsimo-atsina-

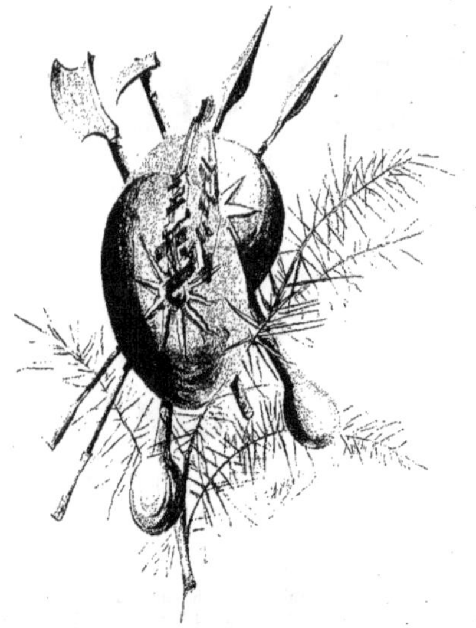

Anciennes armes malgaches.

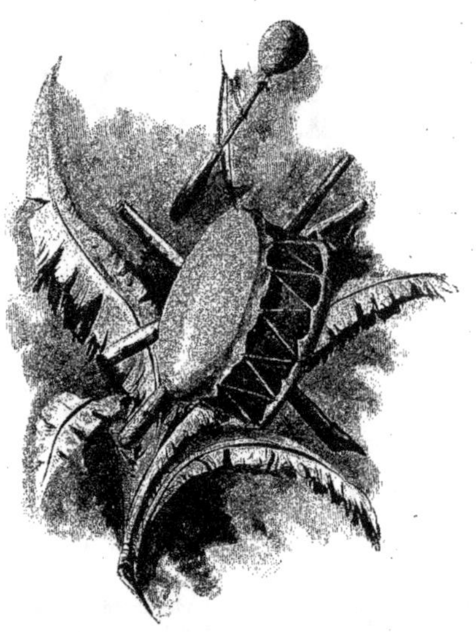

Ampongabe (grosse caisse) et instruments à vent.

en face de Fort-Dauphin et qui reçut le nom d'*îlot des Portugais*.

Catholiques, les Portugais portaient partout leur religion, et c'est par eux que le catholicisme fut introduit, dès cette époque, à Madagascar. On sait même que, vers 1615, ils eurent avec eux des Pères Jésuites.

Ces divers essais de colonisation n'aboutirent pas, et, peu après l'année 1620, les Portugais abandonnèrent définitivement Madagascar.

Les tentatives des Anglais et des Hollandais, de 1618 à 1640, furent plus éphémères encore.

6. — Quel était alors l'état social des Malgaches?

Les habitants de Madagascar étaient alors ce qu'ils sont restés longtemps encore dans la suite, c'est-à-dire divisés en peuplades ou tribus indépendantes, obéissant à des roitelets ou autres chefs, presque toujours en guerre les unes contre les autres.

nana koa, tao amin' ilay nosy kely anankiray tandrifiny Faradofay natao hoe : *nosy kelin' ny Portugais*.

Tena katolika ny Portugais ka na taiza na taiza nalehany dia nazoto nitondra ny fivavahany izy, ary izy hiany no nampiditra ny fivavahana katolika teto Madagaskara tamin' izay. Ary fantatra koa fa sahabo tamin' ny taona 1615 nisy pretra anisan' ny fikambanan' ny Mompera niaraka taminy.

Tsy nahomby loatra teto Madagaskara ny Portugais, ka taoriana kelin' ny taona 1620 dia lasa tsy niverina intsony.

Nitady niorim-ponenana teto koa ny Englisy sy ny Hollandais hatramin' ny taona 1618 ka hatramin' ny 1640, fa tsy naharitra toy ny Portugais akory.

6. — Nanao ahoana ny toetoetry ny Malagasy tamin' izay?

Nizarazara ho tokom-pirenena maro mahaleo tena avy izy, ary samy nanana ny mpanjakany na lehibe hafa, ka saiky niady mandrakariva; toy izany ny toetrany tamin' izay sy mbola toetrany naharitra ela taty aoriana.

On était loin alors de l'unité politique. Les indigènes n'avaient même pas un nom pour désigner l'ensemble de leur pays; chaque groupe ne connaissait que son territoire et ne voyait guère au delà.

7. — *Que sait-on de l'origine des Malgaches?*

Rien de bien certain, et le champ est libre aux conjectures.

Les immigrations arabes, cafres ou autres dont l'histoire a plus ou moins conservé le souvenir, ont pu contribuer, dans une certaine mesure, à peupler divers points des côtes; mais elles n'expliquent pas la présence à Madagascar des principales races qu'on y voit aujourd'hui, notamment de la race hova.

Ces races viendraient vraisemblablement des îles océaniennes, surtout de la Malaisie et de la Polynésie dont les populations présentent de très notables ressemblances avec celle de Madagascar. Le seul fait que la langue malgache appartient évidemment à la grande famille des langues maléo-polynésiennes donne à cette opinion une grande probabilité (1).

Pour les Hovas, il est communément admis qu'ils descendent des Malais.

(1) Le premier qui a signalé ce fait est le célèbre P. Hervas, jésuite espagnol. Le deuxième volume de son monumental *Catalogue des langues des nations connues*, qui comprend six tomes in-4°, est tout entier consacré aux *Langues et nations des îles des océans Pacifique et Indien austral-oriental...* (1800-1805).

Mbola tsy nitambatra ho fanjakana iray akory ny nosy manontolo, ka tsy nisy anarana tokana aza niantsoan' ny mponina azy; fa samy tsy nahalala afa-tsy ny faritany nipetrahany avy izy ireo, ary izay eo ivelan' izany toa tsy nahiny loatra.

7. — *Ahoana moa ny amin' ny nihavian' ny Malagasy?*

Tsy fantatra marina loatra, ka samy mahazo milaza izay heviny.

Izao no fantatra : ny Arabo, ny Masombika sy ny hafa koa izay tonga teto ka hita tantara na tsy hita loatra, dia nety ho nihamaro taranaka tao amoron-tsiraka. Nefa tsy ampy izany ahitana tsara ny nihavian' ny karazan' olona sasany hita amin' izao andro izao eto Madagaskara, indrindra fa ny Hova.

Ny tokony ho marina angaha dia ny hoe : avy amin' ireo nosy ao aminy Océanie, indrindra aminy Malaisie sy Polynésie, no nihavian' ireo karazan'olona ireo, fa satria ny mponina any mifandraika be hiany amin' ny mponina eto Madagaskara. Na ny fitovitovian' ny fiteny gasy sy ny fitenin' ireo nosy ireo hiany aza dia toa ampy hanamarina izany (1).

Fa raha ny Hova kosa, dia eken' ny be sy ny maro fa taranaky ny Malais izy.

(1) Hitany Mompera Hervas voalohany izany fitoviana izany, sady nambarany tao amin' ny bokiny nataony anarana hoe : *Catalogue des langues des nations connues.*

Sadjoa (poterie malgache).

CHAPITRE II.

Les hovas. — La monarchie hova (?...-1630)

8. — *A quelle époque et comment les Hovas arrivèrent-ils à Madagascar et pénétrèrent-ils dans l'intérieur de l'île?*

On ne peut préciser la date de leur apparition sur la terre malgache. D'après les traditions sakalaves, ils y seraient arrivés après les Arabes, dont la première immigration est fixée communément à la fin du viie siècle.

TOKO II.

Ny hova sy ny fanjakany(?...-1630)

8. — *Oviana moa ary nanao ahoana ny nahatongavan' ny Hova teto Madagaskara sy ny nidirany tao afovoan' ny nosy?*

Tsy azo fantarina loatra ny andro nahatongavany teto, fa araka ny lovan-tsofina sakalava, tokony ho taorian' ny Silamo, izay lazain' ny be sy ny maro ho tonga teto tamin' ny faramparan' ny siekla fahafito.

Hazolahy (tambour de guerre) et instruments à corde.

D'après ces mêmes traditions, les Hovas auraient été jetés sur la côte par la tempête (vraisemblablement au sud-est). Mal reçus des habitants de l'île, persécutés, éprouvés aussi par la fièvre, ils se décidèrent à gagner l'intérieur du pays. Leur nombre était alors bien réduit; une dernière défaite les avait fort maltraités, et il ne leur restait peut-être pas une centaine d'hommes en état de porter les armes. On ajoute également qu'ils trouvèrent en Émyrne les Vazimbas, peuplade dont on ignore l'origine, leur firent la guerre et parvinrent à les chasser de leur territoire.

Telle est la tradition sakalave. Mais il est difficile, à la réflexion, d'y voir autre chose qu'une légende. Tout porte à croire au contraire qu'il faut reculer de beaucoup l'arrivée des Hovas à Madagascar, et surtout qu'il ne faut pas les distinguer des **Vazimbas**. Les traditions des Hovas sont très nettes sur ce point, et il est admis d'ailleurs sans conteste que leurs premiers rois ou reines étaient d'origine vazimba (1).

Hoy koa indray ny Sakalava : vaky sambo tao amoron-tsiraka (tokony ho tao atsimo-atsinanana) ny Hova, ka tsy noraisin' ny mponina tao tsara, fa nenjehiny fatratra. Nasian'ny tazo koa moa, ka lao monina niakatra tao afovoan-tany. Vitsy dia vitsy izy tamin'izay; nisy ady anankiray farany saiky nahalany ritra azy, ka angamba tsy nisy tokony ho zato lahy akory no sisa nahady. Misy milaza koa fa nony mby tao Imerina izy ireo dia nahita ny Vazimba, olona tsy fantatra niandohana : niadiany ireo ary voaroakany hiala amin'ny taniny.

Izany no filazan'ny Sakalava. Nefa sarotra ny mihevitra izany tsy ho angano fotsiny. Tsy misy misakana ny hinoana fa taloha lavitr'izany no nahatongavan'ny Hova teto Madagaskara, ary indrindra tsy tokony hatao hoe olona samihafa izy sy ny **Vazimba**. Mazava ny lovan-tsofin' ny Hova ny amin' izany, sady tsy misy mandà akory fa Vazimba no voaloha-mpanjakany (1).

<hr>

(1) Une récente étude très documentée du R. P. Malzac, S. J. a élucidé cette question (*Notes, reconnaissances et explorations*, 30 septembre 1800, pp.

(1) Misy fandinihana vaovao sy tsara fanamarinana vao nataony R. P. Malzac, S. J. nanazava tsara ny amin' io (Jereo *Notes, reconnaissances et ex-*

9. — *Que sait-on des Hovas après leur établissement dans l'intérieur?*

L'histoire est muette à leur sujet, et l'on ne trouve guère dans leurs propres traditions de quoi se renseigner suffisamment. On sait qu'au commencement du xvi° siècle ils formaient un tout petit royaume composé de quelques hameaux groupés autour de Merimanjaka (1), leur capitale. Là régnait, vers 1500, **Rafohy**, la première reine hova.

C'est seulement à partir de cette date que les traditions hovas

9. — *Inona no nataon' ny Hova nony efa niorim-ponenana tao afovoan-tany?*

Tsy fantatra velively, ary toa tsy misy na ny lovan-tsofina avy aminy aza no mba mety hahalalana misimisy. Fantatra fa tao amboalohan' ny siekla faha-16 izy no mba efa fanjakana kely nisy vohitra vitsivitsy nanodidina any Merimanjaka (1) renivohiny.

Tao no nanjakan-d**Rafohy** voaloba-mpanjakan' ny Hova, tokony ho tamin' ny taona 1500.

Hatreo ny lovan-tsofina hova no mazava sy hita venty. Tana-

Ancienne porte de Tananarive.

se précisent et prennent corps. Deux siècles au delà, jusque vers 1300 environ, on trouve encore une dizaine de noms de rois hovas ou vazimbas, ancêtres plus ou moins authentiques de Rafohy. Quant à celle-ci, si la tradition l'honore comme la fondatrice de la monarchie hova, c'est vraisemblablement parce qu'on lui doit un commencement d'organisation et le règlement définitif de la succession au trône.

10. — *Signalez quelques faits plus importants des premiers temps de la monarchie hova.*

Andriamanelo (1540-1575?), petit-fils de Rafohy, transporte la capitale à Alasorá, agrandit ses États par son mariage avec la fille du roi d'Ambohitrabiby et essaie d'enlever aux Vazimbas la montagne et le village d'Analamanga (premier nom de Tananarive).

C'est lui, d'après les récits hovas, qui aurait inauguré l'usage des sagaies et des flèches en fer, ainsi que des haches dont on se servit pour creuser les troncs d'arbres et en faire des pirogues.

tin' ny siekla roa talohan' izany, tokony ho hatramin' ny taona 1300, dia toa misy folo koa no re ny anara-mpanjaka hova na vazimba, ankevikevitry ny iray razana amin-dRafohy. Fa ny amin' io dia izy no voalaza ho nanorina ny fanjakana hova, nefa ny nahatonga izany angamba dia satria izy no niandohan' ny fandaminana sy ny didy fandovam-panjakana.

10. — *Lazao ny zavatra lehibebe tonga tamin' ny andro voalohany nanjakan' ny Hova.*

Alasora no nataon' **Andriamanelo** (1540-1575?), zafin-dRafohy, renivohitra. Nanam-bady ny zanaky ny mpanjakan' Ambohitrabiby koa izy, ka tonga nitatra ny fanjakany, ary nitady handroaka ny Vazimba hiala tao Analamanga (anarana voalohan Antananarivo).

Andriamanelo koa, araka ny filazan' ny Hova, no voalohany nahita ny lefona sy ny longy ary ny famaky izay nandoahanay hazo natao lakana.

341-349). L'auteur y soutient, et il est difficile, après l'avoir lu, de ne pas lui donner raison, que les Hovas ont été les premiers habitants de l'Émyrne.

Nous devons aussi au R. P. Malzac une nouvelle chronologie du royaume hova. C'est dans son récent ouvrage : *Tantaran' ny Andriana nanjaka teto Imerina (Histoire des rois de l'Émyrne)* que nous avons pris les données et les dates concernant les premiers temps de l'histoire de ce pays.

(1) Village, aujourd'hui sans importance, situé à deux heures au sud de Tananarive.

plorations, 30 septembre 1899, pp. 341-349). Hamarininy ao ary sarotra amin' izay efa nahita ny filazany ny tsy hanaiky ny azy ho marina fa ny Hova no voaloha-mponina teto Imerina.

R. P. Malzac koa no nahitantsika filazana vaovao ny filaharan-taona tao anatin' ny fanjakana hova. Tao amin' ilay boky vaovao nosoratany atao hoe : *Tantaran'ny Andriana nanjaka teto Imerina* no nangalanay ny zavatra sasany sy ny fotoan-taona momba ny tantaran' ity lany fahataloha.

(1) — Vohitra tsy malaza loatra ankehitriny, lálana adiny roa ao atsimon' Antananarivo.

11. — *Qui fixa la capitale à Tananarive?*

Ce fut **Andriânjaka** (1610-1630?), petit-fils d'Adriamanelo, qui régnait au commencement du XVIIᵉ siècle. Devenu maître d'Analamanga, il y construisit sa demeure royale, y appela un millier de soldats pour garder cette importante conquête, et Analamanga prit dès lors le nom de Tananarive, *la ville aux mille guerriers.*

11. — *Iza no nanao an' Antananarivo ho renivohitra?*

Andrianjaka (1610-1630?) zafin' Andriamanelo, izay nanjaka tamin' ny niantombohan' ny siekla faha-17. Nony efa azony Analamanga, dia nanorina ny rovany teo izy, ary namponina miaramila arivo hiambina ny tanána, ka izany no nanaovany azy hoe : Antananarivo.

Anciens fossés de Tananarive.

12. — *Quel autre fait remarquable peut-on encore signaler sous Andrianjaka?*

Il eut la gloire de pousser activement les travaux d'endiguement des eaux de l'Ikopa, déjà commencés sous les rois d'Alasora et que ses successeurs continuèrent à son exemple. Ainsi des marais insalubres furent transformés en fertiles rizières.

Tels sont en résumé, d'après les traditions des Hovas, les détails les plus saillants de leur histoire depuis leur établissement en Émyrne jusque vers le milieu du XVIIᵉ siècle, c'est-à-dire jusqu'au moment où les Français arrivent, à leur tour, à Madagascar.

12. — *Inona no zavatra lehibe hafa koa nataon' Andrianjaka?*

Nahalaza azy koa ny nampandrosoany fatratra ny fanaovana ny fefilohan' Ikopa, izay efa natomboky ny mpanjaka nialoha azy sy notohizin' ny tato aoriana, ka ilay heniheny be teo iny dia tonga tanimbary lonaka.

Araka ny lovan-tsofin' ny Hova, dia izany no ventimbentin' ny zavatra lehibe momba ny tantarany hatramin' ny nahatongavany tao Imerina ka hatrao antenatenan' ny siekla faha-17, izay nidiran' ny Frantsay teto Madagaskara.

Vaisselle royale.

## CHAPITRE III.	## TOKO III.

LA FRANCE A MADAGASCAR.

13. — Quel est le point de départ de l'établissement des Français à Madagascar?

Sous le règne de Louis XIII, une grande compagnie commerciale, la **Société de l'Orient**, se forme pour coloniser Madagascar, et le 24 juin 1642, le cardinal de Richelieu, premier ministre, l'autorise à prendre possession de Madagascar et des îles adjacentes « pour y ériger colonie et commerce ».

14. — Quel fut le premier administrateur envoyé par cette compagnie à Madagascar?

Ce fut **Pronis**. Il aborda à la côte est en septembre 1642 avec une quarantaine d'engagés, que rejoignirent l'année suivante une soixantaine d'autres, prit possession du pays au nom du roi de France, et fit de même à Sainte-Marie et dans les baies d'Antongil et de Sainte-Luce. En 1644, il s'établit sur une petite presqu'île du sud-est, où il bâtit Fort-Dauphin.

Pronis était protestant. Sans talents, peu intègre, adonné à ses passions, en opposition presque continuelle avec son entourage, il ne sut que mécontenter les colons et les indigènes et rien ne lui réussit.

NY FRANTSAY TETO MADAGASKARA (1642-1786).

13. — Nanao ahoana ny niantombohan' ny florenam-ponenan' ny Frantsay teto Madagaskara?

Toy izao : fony Louis XIII mpanjaka, dia nisy fikambanambaroïra natao hoe : **Fikambanan' ny Atsinanana**, nikasa hiasa sy hivarotra teto Madagaskara, ary tamin' ny 24 juin 1642 dia nahazo làlana taminy kardinaly Richelieu, ministra voalohany, mba haka any Madagaskara sy ny nosy manodidina hiasany sy hivarotany.

14. — Iza no solon-tena voalohany nirahin' izany fikambanana izany teto Madagaskara?

Pronis no anarany. Nitody tao atsinanana tamin' ny volana septembre 1642 izy, nomban' ny namany sahabo ho efa-polo, ka tamin' ny taona nanarakaraka dia nisy enim-polo tonga koa. Dia nalainy ho an' ny mpanjakany Frantsa ny tany, ka toy izany koa no nataony tao Nosy Boraha sy tao amin' ny helodrano Antongily sy Sainte-Luce. Tamin' ny taona 1644 dia tonga tao amin' ny tanjona kely anankiray ao atsimo-atsinanana izy, ka tao no nanorenany any Faradofay.

Pronis dia protestanta. Noho izy tsy nahay nifehy, tia vola loatra, nanaraka ambokony ny filan-dratsiny, saiky nifanjihitra mandrakariva tamin' ny namany, dia samy tsy tia azy daholo na Frantsay na zana-tany ka tsy nahomby izy.

Médaille de la colonie
frappée en 1665.

Vue de Fort-Dauphin.

15. — Par qui fut-il remplacé?

Par **Flacourt**, qui arriva à Fort-Dauphin le 4 décembre 1648. Il amenait avec lui MM. Nacquart et Gondrée, les deux pre-

15. — Iza moa no nisolo azy?

Flacourt, izay tonga tao Faradofay tamin' ny 4 décembre 1648. Niaraka taminy ireo Mompera roalahy voalohany nirahiny

miers missionnaires envoyés par saint Vincent de Paul à Madagascar.

Flacourt avait toutes les qualités qui manquaient à Pronis, et parvint en quelques années, par une administration aussi habile que ferme, à réparer les fautes de son prédécesseur. Dès 1652, plus de trois cents villages reconnaissaient son autorité et juraient fidélité au roi de France.

Le 12 février 1655, Flacourt s'embarquait de nouveau pour la France où l'appelaient les intérêts de la colonie. Cinq ans après, le 20 mai 1660, retournant à Fort-Dauphin, il fut attaqué par des pirates barbaresques et périt avec son navire.

16. — *Les Français n'entrèrent-ils pas dès lors en relations avec les Hovas de l'intérieur?*

Au témoignage de Flacourt lui-même, les Français auraient exploré non seulement les côtes, mais aussi l'intérieur du pays, notamment le territoire des Hovas, qu'il décrit avec une grande exactitude.

17. — *Quel était, d'après Flacourt, l'état politique des provinces de l'intérieur?*

« Ces pays, écrit-il, sont en perpétuelles guerres les uns contre les autres, le tout pour s'entrevoler et enlever des bestiaux, sous prétexte de vieilles querelles. Toutes ces provinces sont gouvernées par plusieurs tyranneaux. »

Il rapporte aussi que 40 Français ont été en Émyrne avec 10.000 Betsiléos pour faire la guerre aux Hovas.

L'histoire ne fournit pas d'autres détails sur les relations des Français et des Hovas à cette époque.

18. — *Quel fut le sort de la colonie française sous les successeurs de Flacourt?*

Les **successeurs de Flacourt** n'héritèrent pas de ses qualités. Du reste ils se succédaient trop rapidement et recevaient trop peu de secours de la métropole pour rien établir de durable. La colonie alla donc s'affaiblissant de jour en jour, et les indigènes,

Pierre de Flacourt.

reprenant le dessus, ne respectaient même plus la vie des Français. C'est ainsi qu'en 1663 deux Lazaristes, M. Étienne et le Fr. Patte, et un Malgache, élève de la Mission catholique, étaient empoisonnés ou assommés à coups de bâton par un chef du pays.

Enfin la veille de Noël 1672, le dernier gouverneur français quittait Fort-Dauphin, après avoir fait brûler les magasins et enclouer les canons. Quelques heures plus tard, pendant que les Français assistaient, sans rien soupçonner, à la messe de minuit, ils furent surpris par les indigènes et presque tous massacrés.

Ainsi finit la colonie française de Fort-Dauphin.

19. — *La France se retira-t-elle alors définitivement de Madagascar?*

Malgré ce désastre, la France ne renonça nullement à Madagascar et affirma plus d'une fois dans la suite sa volonté de s'y maintenir, notamment par cinq édits royaux qui se succédèrent de 1686 à 1725.

20. — *Quelle importante acquisition fit de nouveau la France sur la côte est en 1750?*

Le 30 juillet 1750, la reine Béty, conseillée par le caporal

Md. Vincent de Paul ho aty Madagaskara : Nacquart sy Gondrée no anarany.

Olom-banona Flacourt, fa tsy mba tahaka ilay Pronis, hany ka nohon' ny fahaizany mifehy dia voalaminy vetivety foana ny raharaha nosimbany Pronis. Tamin' ny 1652 dia efa nisy vohitra hatramin' ny telonjato sahady no nanaiky ny fehefány sy nisotro vokaka hiandany amin' ny mpanjakany Frantsa.

Tamin' ny 12 février 1655, dia niondrana nankany Frantsa Flacourt mba hampandroso ny raharaha niadidiany. Nony efa afaka dimy taona ka niverina ho any Faradofay izy, dia nasian' ny jiolahin-tsambo avy any Afrika avaratra, ka rendrika ny sambony ary dia maty izy tamin' ny 20 mai 1660.

16. — *Moa tsy nifampiraharaha tamin' ny Hova tao afovoan-tany ve ny Frantsay tamin' izay?*

Ny tenany Flacourt hiany no milaza amin' ny tantara nosoratany fa tsy ny moron-tsiraka fotsiny no nozahan' ny Frantsay tamin' izay, fa ny afovoan-tany koa, anisan' izany ny faritanin' ny Hova, ka voalazany tsara ao ny toetoetr' Imerina.

17. — *Ahoana no filazany Flacourt ny toetoetry ny mponina tafovoan-tany?*

« Ireo faritany ireo, hoy izy, dia mifanafika mandrakariva, mifampila kisa mba hifampangalatra sy hifampaka biby fiompy. Samy manana mpanjaka madinika maro mpanao an-tsojay ireo vahoaka ireo. »

Voalazany Flacourt koa fa nisy Frantsay 40 niaraka tamin' ny Betsileo 10.000 niakatra nanafika ny Hova tany Imerina.

Izany hiany no fantatra ny amin' ny fifampiraharaban' ny Frantsay sy ny Hova tamin' izay.

18. — *Nanao ahoana no nitondran' ny mpandimby any Flacourt ny Frantsay nonina teto?*

Tsy mba nanana ny fahaizany Flacourt ny nandimby azy, ary sady nifandimby haingan-doatra izy no tsy nahazo ny fanampiana nilainy avy tany Frantsa, hany ka tsy nisy naharitra ny zavatra nataony. Nihasimba tsikelikely ny toetry ny Frantsay teto, ka nandry an-driranantsy izy nohon' ny hasahian' ny zana-tany. Tamin' ny taona 1663 M. Étienne sy Fr. Patte anisan' ny fikambanan' ny Lazaristes, ary ny mpianany gasy anankiray dia nomen' ny loholona anankiray poizina sady nataony matin-dangilangy.

Farany, tamin' ny andro nialoha ny fety Noely 1672, dia niala tao Faradofay ny governora frantsay nony avy nampandoro ny magazy sy nanentsina fantsika ny sofin-tafondro tao. Vetivety foana taorian' izany, raha ilay namonjy lamesa misasaka alina iny ny Frantsay ka tsy nanahy na inona na inona, dia notampohin' ny zana-tany ka saiky matiny daholo.

Toy izany no niafaran' ny Frantsay nonina tao Faradofay.

19. — *Moa ve tamin' izay dia navelany Frantsa tsy hisy tohiny ny raharahany teto Madagaskara?*

Na dia ratsy fara toy izany aza ny tao Faradofay, dia tsy navelany Frantsa akory ny raharahany teto Madagaskara, ary matetika izy dia nilaza mazava fa mbola hanohy hiany, ary hatramin' ny taona 1686 ka hatramin' ny 1725 dia indimy ny mpanjakany Frantsa no namoaka teny nilaza izany.

20. — *Moa tsy nahazo tany tao amoron-tsiraka atsinanana indray ve Frantsa tamin' ny taona 1750?*

Tamin' ny 30 juillet 1750, nohon' ny torohevitra nataony ka-

français **Labigorne**, cédait solennellement à la France l'île Sainte-Marie et ses droits de suzeraineté sur la côte d'Antongil. Cette cession fut confirmée par la reine elle-même quatre ans plus tard.

De 1761 à 1767, des établissements français s'échelonnaient sur la côte depuis Fort-Dauphin jusqu'à la baie d'Antongil.

poraly frantsay **Labigorne**, dia nafoiny Bety mpanjakavavy ampahibemaso ho any Frantsa ny nosy Boraha omban' ny fahefana nananany tao amoron-tsiraky Antongily, ary efa-taona taorian' izany mbola nohamafisiny indray izany fahafoizan-tany izany.

Hatramin' ny taona 1761 ka hatramin' ny 1767, dia betsaka ny voanjo napetraky Frantsa tao amoron-tsiraka hatraminy Faradofay ka hatramin' ny helodrano Antongily.

21. — Quel fut le plus célèbre représentant de la France à Madagascar pendant la seconde moitié du XVIIIᵉ siècle?

Ce fut le comte hongrois **Maurice Benyowski**.

Il aborde une première fois à Madagascar, vers 1772, en revenant du Japon, se rend compte du parti qu'on peut tirer de la grande île et va offrir ses services à la France. Le 14 lévrier 1774 il

Vue de Sainte-Marie (Ilot Madame).

21. — Iza no solon-tenany Frantsa nalaza indrindra teto Madagaskara tamin' ny siekla faha-18?

Mànamboninahitra anankiray avy any Hongrie atao hoe : **Maurice Benyowski**.

Tamin' ny taona 1772 no nitodiany voalohany teto, nony avy any Japon, ka raha hitany fa tany be harena tokoa ity nosy ity, dia lasa izy nanolo-tena hiasa aty Madagaskara ho an' ny fanjakana

est de retour à Madagascar, et aborde à la baie d'Antongil. Secondé par les indigènes dont ses brillantes qualités ont gagné toutes les sympathies, il bâtit la ville de Louisbourg, élève des forts, construit des routes, creuse des canaux, repousse les Sakalaves qui voulaient détruire son œuvre, et provoque partout un tel enthousiasme que les indigènes le proclament roi.

Malheureusement, ne songeant plus qu'à lui-même, Benyowski abandonne la cause de la France et, en 1776, se déclare indépendant. Il ose pourtant aller en personne solliciter le concours de la France, qui repousse ses prétentions. Il n'est pas plus heureux en Autriche et en Angleterre, et va jusqu'en Amérique, d'où il revient à Madagascar en 1785 avec quelques subsides insuffisants. Mais cette fois la France le traite en rebelle, et, dans un engagement avec des troupes envoyées de Bourbon contre lui, il est tué d'un coup de feu, dans la baie d'Antongil, le 27 mai 1786.

Après lui, la France continua comme par le passé à ne pas se désintéresser de Madagascar; mais elle allait bientôt trouver sur sa route deux nouveaux ennemis : l'Anglais et le Hova.

frantsay. Tamin' ny 14 février 1774 tonga taty indray izy ka nitody tao amin' ny helodrano Antongily. Nalaky tian' ny zanatany izy ka dia nanampy azy fatratra izy ireo tamin' ny asa maro nataony : na ny tanàna Louisbourg naoriny, na manda, na làlana, na lakan-drano, na tamin' ny nisakanany ny Sakalava nitady hamely azy aza, ary nahagaga erý ny niraiketan' izy ireo taminy ka dia nataony ho mpanjaka izy.

Revo tao anatin' izany fanambinana izany Benyowski, dia nisaraka taminy Frantsa ka nihambo ho mahaleo tena. Nefa mbola sahy nankany an-dafy nangataka fanampiana tamin' ny fanjakana frantsay hiany izy, fa nataony nitondra tanam-polo. Dia lasa indray nangataka tany Autriche sy tany Englanda, fa tsy nahazo. Heriny nankany Amérique, ka nony nahazo fanampiana kely tany izy dia niverina teto Madagaskara indray tamin' ny taona 1785. Fa tsy naharitra intsony Frantsa ka nataony ho mpikomy izy, ary tamin' ny 27 mai 1786, raha ilay niady tamin' ny miaramila frantsay avy tany Bourbon iny izy, dia nisy bala anankiray nahavoa azy, tao amin' ny helodrano Antongily.

Taty aorian' izany, dia mbola notohiziny Frantsa tahaka ny teo hiany ny raharahany teto Madagaskara, fa vetivety foana nisy fahavalo roa toko no nanohitra azy, dia ny Englisy sy ny Hova.

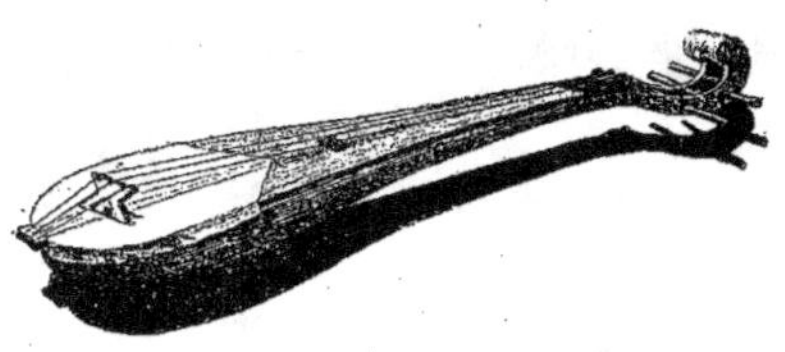

Guitare à trois cordes.

CHAPITRE IV.

ANDRIAMASINAVALONA (1675-1710?).
ANDRIANAMPOINIMERINA (1787-1810).

22. — *Quel fut au XVIIe siècle le plus célèbre roi hova?*

Ce fut **Andriamasinavalona**, le huitième roi depuis Rafohy. Sa douceur et son équité lui gagnèrent l'affection de tout son peuple et attirèrent sous son sceptre de nombreux chefs de l'est

TOKO IV.

ANDRIAMASINAVALONA (1675-1710?).
ANDRIANAMPOINIMERINA (1787-1810).

22. — *Iza no mpanjakan' ny Hova nalaza indrindra tamin' ny siekla faha-17?*

Andriamasinavalona, mpanjaka fahavalo hatramin-dRafohy. Nohon' ny fahalemem-panahiny sy ny fanarahany ny rariny, dia tian' ny vahoakany fatratra izy, ka betsaka koa ny loholona tany

Ambohimanga.

et de l'ouest, qui se déclarèrent spontanément ses vassaux. Ces pacifiques conquêtes doublèrent les États qu'il avait reçus de ses ancêtres.

23. — *Quelles modifications apporta Andriamasinavalona à l'organisation de la noblesse?*

La noblesse de l'Émyrne avait été répartie par *Ralambo* (1575-1610?) en quatre castes. Immédiatement au-dessus d'elles, An-

atsinanana sy andrefana nanaiky azy, ary noho izany tonga avo sasaka ny fanjakany, nefa tsy niady akory izy.

23. — *Nanao ahoana ny nandaharan' Andriamasinavalona ny andriana?*

Efa nozarain-d*Ralambo* (1575-1610?) efa-toko ny andrian' Imerina, fa nataon' Andriamasinavalona ambonin' ireo ilay firaza-

driamasinavalona plaça la caste qui a porté son nom, composée de ceux de ses enfants qui ne devaient pas régner. Le rang suprême fut réservé à la caste des *Zazamarolahy*, composée des nombreux enfants de ses prédécesseurs.

24. — *Quelle faute commit Andriamasinavalona?*

Malgré sa réputation, justifiée d'ailleurs, de sagesse, Andriamasinavalona eut le tort de partager ses États entre quatre de ses fils, qui devaient gouverner sous sa direction aux quatre points cardinaux de l'Émyrne (1). Ce fut l'origine des guerres continuelles que se livrèrent pendant un siècle ses fils et petits-fils. Quelques-uns eurent même la malencontreuse idée d'appeler à leur secours les Sakalaves de l'ouest.

Ces luttes intestines pesèrent lourdement sur le peuple et faillirent abimer dans une ruine complète la monarchie des Hovas.

25. — *Comment et par qui fut réparée la faute d'Andriamasinavalona?*

Ceux de ses fils et petits-fils qui régnaient à Ambohimanga montrèrent toujours plus de capacité que les autres. **Andriambelomasina**, son petit-fils, espéra même rétablir l'unité dans l'Émyrne; mais cette gloire était réservée à son petit-fils Ramboasalama devenu, sous le nom d'**Andrianampoinimerina**, le plus grand roi de Madagascar.

26. — *Comment Ramboasalama parvint-il au trône?*

Ramboasalama, fils de l'aînée des six filles d'Andriambelomasina, naquit à Ambohimanga, vers 1745. Dans sa jeunesse, d'heureux présages semblèrent annoncer sa grandeur future. Un jour, entre autres, son grand-père réunit autour de lui ses enfants et ses petits-enfants et offrit à leur choix un grand nombre d'objets. Ramboasalama ayant préféré une petite corbeille remplie de terre, le vieux monarque en fut charmé et s'écria : « A lui la terre et le royaume! » Aussi, après avoir désigné l'aîné de ses quatre fils, Andrianjafy, pour son successeur immédiat, voulut-il que Ramboasalama montât sur le trône après Andrianjafy.

Celui-ci essaya plus d'une fois d'attenter aux jours de Ramboasalama; mais ses coupables projets se retournèrent contre lui. Douze principaux chefs d'Ambohimanga prirent ouvertement parti pour le persécuté, soulevèrent le peuple en sa faveur et l'élurent roi d'Ambohimanga à la place d'Andrianjafy. Ramboasalama, ce désiré de l'Émyrne entière, s'appela désormais Andrianampoinimerina (1787).

27. — *Quelles furent dès lors les visées d'Andrianampoinimerina?*

(1) Les quatre capitales devaient être : *Ambohitrabiby, Tananarive, Ambohimanga* et *Ambohidratrimo.*

nan' andriana natao hoe : Andriamasinavalona, dia ny zanany izay tsy nanjaka. Fa ny ambony indrindra, dia ny *Zazamarolahy*, zanaky ny mpanjaka nialoha azy.

24. — *Inona no nahadiso an' Andriamasinavalona?*

Na dia nalaza nohon' ny fahendreny aza izy, dia diso tamin' ny nizarazarany ny fanjakany ho an' ny zanany efa-dahy sy tamin ny nampanjakany azy ireo niaraka taminy tao amin' ny lafy efatr' Imerina (1). Izany hiany no anton' ny nampiady lalandava ny zanany sy ny zafiny nandritra ny siekla iray manontolo, ary nisy aza ny sasany tsy monatra hiantso vonjy tamin' ny Sakalava.

Nahantra ery ny vahoaka azon' ny ady an-trano ka saika levona ny fanjakan' ny Hova tamin' izay.

25. — *Iza no nandamina ny toetry ny fanjakana ary nanao ahoana no nandaminany azy?*

Hendry sy nahay nohon' ny sasany ny zanaka sy ny zafin' Andriamasinavalona izay nanjaka tao Ambohimanga, ary nisy anankiray atao hoe **Andriambelomasina** zafiny nihevitra hamory an' Imerina indray ho fanjakana tokana. Nefa tsy izy no nahavita izany asa lehibe izany, fa ilay Ramboasalama zafiny, natao taty aoriana hoe : **Andrianampoinimerina**, izay mpanjaka nalaza indrindra teto Madagaskara.

26. — *Nanao ahoana no nahazoan-dRamboasalama nanjaka?*

Ramboasalama, zanaky ny vavimatoa tamin' ny zanakavavy enina naterak' Andriambelomasina, dia teraka tao Ambohimanga, tokony ho tamin' ny taona 1745. Fony izy mbola zaza, be ny fambara toa nilaza rahateo ny voninahiny amin' ny ho avy. Indray andro, hono, dia novorin-draibeny ny zanany sy ny zafiny, ka nomeny zavatra betsaka izy ireo hifidianany. Haron-kely feno tany no nofidin-dRamboasalama; dia nahafinaritra an-draibeny izany ka hoy izy : « Asy ny tany sy ny fanjakana! » Tsy izany hiany, fa Ramboasalama no notendreny hanjaka manarakaraka an'Andrianjafy zokiny tamin' ny zanany efa-dahy.

Efa imbetsaka Andrianjafy no nitady hamono an-dRamboasalama, fa notodin' ny nataony izy. Nisy loholona roa ambiny folo lahy tao Ambohimanga nitsangana niaro an' ilay nenjehiny, sy nitarika ny vahoaka hanaiky an-dRamboasalama ka nanangana azy ho mpanjakan' Ambohimanga hisolo an' Andranjafy. Dia natao Andrianampoinimerina no anaran-dRamboasalama, satria efa nirin' Imerina manontolo izy (1787).

27. — *Inona no nokendren' Andrianampoinimerina hatramin' izay?*

(1) *Ambohitrabiby, Antananarivo, Ambohimanga* ary *Ambohidratrimo* no natao renivoh'iry ny fanjakana efatra.

Besakana (palais d'Andrianampoinimerina).

Le nouveau roi d'Ambohimanga songea dès lors à rétablir l'unité du royaume hova telle qu'elle existait sous Andriamasinavalona, et même à étendre son autorité sur l'île entière. « *Toute cette île vous appartient* », lui dirent les chefs qui l'avaient porté au trône; et lui-même, le jour de son intronisation, prononça ces ambitieuses paroles tant de fois répétées depuis par ses successeurs : « *Il faut que cette terre m'appartienne; la mer doit être la limite de mon royaume.* »

28. — *Comment Andrianampoinimerina devint-il unique roi de l'Émyrne?*

Les sept premières années du règne d'Andrianampoinimerina furent des années de paix. Mais ayant, à la naissance de son fils

Ny nimasoan' ny mpanjakan' Ambohimanga hatramin' izay dia ny hamory ny Hova ho fanjakana tokana tahaka ny tamin' ny andron' Andriamasinavalona, ary ny hampanaiky ny nosy manontolo aza. Ireo loholona nampanjaka azy efa nilaza taminy hoe : « *Anao ity nosy manontolo ity* », ary ny tenany koa, tamin' ny andro nisehoany, dia nanao ilay fitenenana be hambo famerimberin' ny mpandimby azy hoe : « *Tsy maintsy ho ahy ity tany sy fanjakana ity, ka ny, ranomasina no ho valam-parihiko.* »

28. — *Nanao ahoana no nahatongavan' Andrianampoinimerina ho mpanjaka tokan' Imerina?*

Tamin' ny taona fito voalohany nanjakan' Andrianampoinimerina, dia nandry fahizay ny tany ama-monina. Fa nony teraka

Intérieur du Besakana.

1. Foyer. — 2. Lit du roi. — 3. Lit de la reine. — 4. Coffre. — 5. Fusils de forteresse. — 6. Sarotro (capuchon. 7. Hazo masina. — 8. Plats et urnes. — 9. Gril. — 10. Échelle pour le lit — 11. Marmites. — 12. Boucliers.

Radama, envoyé des bœufs en présent aux rois de Tananarive et d'Ambohidratrimo, ceux-ci les lui renvoyèrent sous prétexte qu'ils étaient ensorcelés et lui déclarèrent la guerre.

Andrianampoinimerina était prêt. Il s'empare d'abord de Tananarive qui lui échappe deux fois; mais il s'en rend définitivement maître et en fait sa capitale. — Ambohidratrimo résiste plus longtemps, mais profite de la mort de son roi pour passer sous le sceptre d'Andrianampoinimerina. — Quant au royaume d'Ambohitrabiby, il avait été depuis longtemps absorbé par celui d'Ambohimanga.

Toutes les autres villes de l'Émyrne passèrent ainsi peu à peu, soit par ruse, soit de vive force, en la puissance d'Andrianampoinimerina, et les Hovas se trouvèrent ainsi constitués, sous une autorité unique, en une seule et grande nation.

Radama zanany, dia nasainy nanaterana omby ny mpanjakan' Antananarivo sy Ambohidratrimo, fa naverin' ireo nataony hoe : voaisy mosavy, ka nanangana ady izy ireo.

Tsy voatampok' izany Andrianampoinimerina, fa nalainy aloha Antananarivo; kanjo tsy nahatana azy izy indroa, fa tamin' ny fanintelony vao nahazoany azy farany sy nanaovany azy renivohitra. — Nanohitra elaela kokoa Ambohidratrimo; fa sendra maty ny mpanjakany ka nanararaotra izany izy mba hanaiky an' Andrianampoinimerina. — Ny fanjakana Ambohitrabiby kosa dia efa lasan' Ambohimanga hatry ny ela tamin' izay.

Toy izany no nahalasan' Andrianampoinimerina ny tanána sisa rehetra tao Imerina, na tamin' ny ady, na an-kafetsena, hany ka tonga fanjakana tokana sy mahery ary niray mpanjaka ny Hova.

29. — *Comment s'agrandirent encore les États d'Andrianampoinimerina?*

Une fois maître de toute l'Émyrne, le conquérant hova tourna ses armes contre les Sihanakas du nord et les Betsiléos du sud.

Puissamment aidé par les Antehiroka et surtout par ses intrépides Manisotra, il déloge successivement les Sihanakas de tous les points qu'ils occupaient et y laisse après lui huit cents hommes chargés de garder cette nouvelle conquête. Les descendants de ces huit cents colons habitent encore aujourd'hui le territoire sihanaka, notamment Anjozorobe et Antoby.

29. — *Nanao ahoana no mbola nitaran' ny fanjakan' Andrianampoinimerina?*

Nony efa nahavory an' Imerina manontolo Andrianampoinimerina, dia lasa nanafika ny Sihanaka tao avaratra sy ny Betsileo tao atsimo.

Nanampy azy fatratra ny Antehiroka ary indrindra ange fa ny Manisotra tsy nahalala maty niaraka taminy, ka voaroakany tsikelikely hiala tamin' izay rehetra nisy azy ny Sihanaka, ary nametraka valonjato lahy izy notendreny hiandry io tany vao azony io. Mandrak' ankehitriny izao dia mbola monina any amin' ny faritany sihanaka hiany ny taranak' izy valonjato lahy mpiandry tany ireo, toy ny ao Anjozorobe sy Antoby.

La conquête du Betsiléo parut d'abord devoir être toute pacifique; car le roi *Andriamanalinarivo*, trahi par son propre fils, comprit qu'il ne pouvait résister à Andrianampoinimerina et se déclara son vassal. Mais cette soumission forcée ne dura pas longtemps, et on en vint aux armes. Le roi hova se mit lui-même à la tête de ses troupes, accompagné de son jeune fils Radama. Une première expédition resta sans résultat. Une seconde campagne soumit tout le Vakinankaratra, après quoi Andrianampoinimerina confia à dix *vadintany* ou commissaires royaux le soin d'étendre sa domination sur tout le pays betsiléo.

Par ces agrandissements successifs, le royaume hova dépassait de quatre à cinq fois en étendue l'ancienne Émyrne, telle qu'Andriamasinavalona l'avait laissée à ses successeurs.

30. — *Andrianampoinimerina réalisa-t-il son rêve d'étendre son empire jusqu'à la mer?*

Ny nahazoana any Betsileo dia natao ho tsy nisy ady loatra akory tamin' ny voalohany, satria fantatr' Andriamanalinarivo mpanjaka tany fa tsy hahaleo an' Andrianampoinimerina izy nohon' ny namadihan' ny zanany azy, ka dia niaiky ho ambany fahefány... Nefa izany fiaikena tsy satry izany dia tsy naharitra ela, ka rafitra ny ady. Ny tenan' Andrianampoinimerina no nitari-tafika, ary niaraka taminy koa Radama zanany. Ny ady voalohany nataony dia tsy nisy asany. Tamin' ny fanindroany dia nanaiky Vakinankaratra manontolo, ka taorian' izany dia nanendry vadintany folo lahy izy hanitatra ny fanjakany hatrany Betsileo rehetra any.

Noho izany fitomboana niandalandalana izany, dia tonga indimy hoatr'ilay Imerina taloha navelan' Andriamasinavalona tamin' ny mpandimby azy ny fanjakan' ny Hova.

30. — *Moa ve dia tanterak' Andrianampoinimerina tokoa ilay teniny hoe : Ny ranomasina no ho valam-parihiko?*

Il essaya bien, pendant les dernières années de sa vie, de gagner diplomatiquement les Sakalaves de l'ouest; mais il était réservé à son fils Radama de réaliser enfin les visées ambitieuses de la monarchie hova.

31. — *Quelle fut la principale gloire d'Andrianampoinimerina?*

Ce fut, plus encore que le succès de ses armes, la sagesse de son administration : il faut reconnaître en lui un organisateur et un législateur de génie, le protecteur éclairé de l'agriculture, du

Tao alobaloha kelin' ny nahafatesany, dia nitady hampanaiky ny Sakalava tao andrefana an-kafetsena hiany izy; nefa taty aoriana, tamin-dRadama zanany no vao tena tanteraka izany nokendren' ny Hova izany.

31. — *Inona indrindra no dia nahabe voninahitra an'Andrianampoinimerina?*

Nampahalaza azy manoatra lavitra nohon' ny ady nataony ny fahaizany nitondra fanjakana; lalina mihitsy izy raha handamina ny raharahan' ny olom-peheziny sy hanao laléna ary hampan-

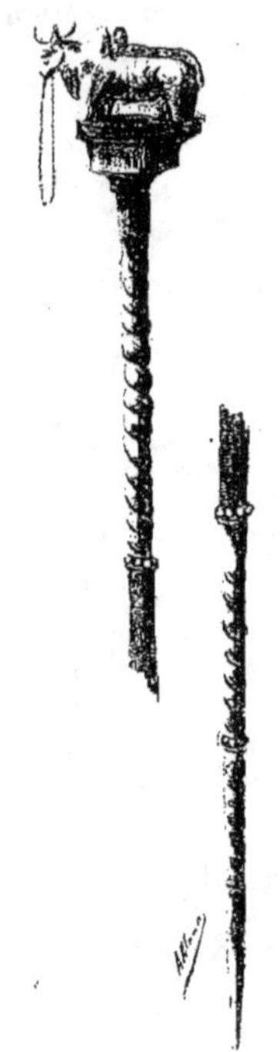

Sceptre d'Andrianampoinimerina.

Filanjana d'Andrianampoinimerina.

commerce et de tout ce qui pouvait favoriser les progrès de son peuple.

Il encouragea partout par tous les moyens en son pouvoir la culture du sol. « *Le riz et moi*, disait-il, *ne faisons qu'un* »; et aux nécessiteux qui sollicitaient de lui des secours il offrait avant tout une bêche en leur disant : « *Travaillez, et le sol vous nourrira.* »

Il favorisa également le commerce. Par son ordre, un grand nombre de marchés s'ouvrirent dans des endroits désignés d'avance, et il avait recommandé aux chefs, non seulement d'y protéger vendeurs et acheteurs, mais d'y vendre eux-mêmes leurs denrées à bon compte et d'y acheter à un prix raisonnable ce dont ils auraient besoin.

droso ny fambolena mbamin' ny varotra sy izay rehetra nety hampiadana ny vahoakany.

Ny asa tany indrindra no nampandrosoiny fatratra. « *Izaho sy ny vary*, hoy izy, *dia iray hiany* »; ary raha nisy olona terinjavatra, ka nangataka fanampiana taminy, dia angady aloha no nomeny azy ka hoy izy. « *Miasá, fa hamelona anareony tany.* »

Nampandrosoiny tahak' izany koa ny varotra. Nampanorina tsena betsaka izy tao amin' ny fitoerana efa natorony rahateo, ary nandidy ny loholona izy mba hiaro ny mpivarotra sy ny mpividy; ary tsy izany hiany, fa na dia ny tenan' izy ireo aza dia nopeperany hanao mora ny zavatra amidiny sy hividy araka ny mety izay zavatra ilainy.

C'est encore lui qui fixa la valeur des poids destinés à peser l'argent, ainsi que la longueur de la brasse et la mesure de riz.

32. — Quelle fut la fin d'Andrianampoinimerina?

Les dernières années du grand roi furent attristées par le douloureux spectacle des jalousies et des querelles qui éclatèrent entre ses fils. Les préférences paternelles et les sympathies populaires étaient acquises depuis longtemps à Radama : ses frères jaloux essayèrent d'attenter à ses jours. Deux d'entre eux conçurent même l'horrible dessein de se défaire de leur père. Ce fut d'abord *Rabodolahy* (il n'était que fils adoptif d'Andrianampoinimerina et neveu d'une de ses femmes). Il se rendit un jour armé d'un poignard auprès du vieux roi, qui se trouvait à sa villa d'Ambohipo. Andrianampoinimerina avait été averti : il fit saisir et fouiller le visiteur. Une fois convaincu de son crime, il se vit obligé de dénoncer lui-même à son peuple ce fils dénaturé, qui périt de mort violente avec les plus coupables de ses complices.

Ce fut ensuite un autre frère de Radama, *Ramavolahy*, qui tenta d'enlever à son père le trône et la vie. Après avoir groupé autour de lui un grand nombre de partisans, il donna ordre à un esclave royal de pénétrer dans le palais et de frapper le roi d'un coup de poignard. Saisi d'un invincible sentiment de crainte et de respect à la vue de son maître, l'esclave manqua de courage et avoua tout. Ramavolahy eut le sort de Rabodolahy.

Brisé de douleur, le malheureux père songea à prévenir de nouveaux troubles et à assurer l'avenir : aussi s'empressa-t-il de proclamer solennellement Radama son successeur. Peu de temps après, il s'éteignit à Ambohimanga, en 1810, âgé d'environ 65 ans, après 23 années de règne.

Radama Ier lui succéda.

Izy hiany koa no nametra vatomizana fandanjam-bola, sy ny refy, ary ny vata famaram-bary.

32. — Nanao ahoana ny niafaran' Andrianampoinimerina?

Nalahelo tokoa izy tamin' ny taona faramparan'ny niainany, nony hitany fa nifampialona sy niadiady be hiany ireo zanany. Efa ela Radama no nahazo tombom-pitiavana tamin' ny rainy sy nahatehotia ny vahoaka; velom-pialonana ny rahalahiny ka nitady hamono azy. Nisy roa lahy tamin' izy ireo aza namorona hevi-doza hamonoana an-drainy. *Rabodolahy* no voalohany (zaza natsangan' Andrianampoinimerina izy io ary zana-jaobaviny). Indray andro izy nitondra lefom-pohy ka lasa nankany amin' ny mpanjaka, izay sendra tao an-tanána keliny tao Ambohipo tamin' izay. Nahare nialoha Andrianampoinimerina : nasainy nosamborina sy nosavana ilay mpamangy. Nony efa hitany tsara ny helok'io, dia heriny niampanga io zaza tsy vanona io amin' ny vahoaka. Dia natao maty nijalijaly io sy ny meloka indrindra tamin' ny namany.

Nanarakaraka izany dia rahalahin-dRadama hafa, atao hoe *Ramavolahy*, no nitady hampiongana sy hanala aina an-drainy. Nony efa nahataona namana betsaka hiandany aminy izy, dia naniraka ankizilahin' Andriana anankiray hiditra any an-dapa sy hamely lefom-pohy ny mpanjaka. Kanjo ilay mpanompo tsy nahatohitra ny tahotra sy ny fanajana ny tompony, ka tsy nahakehaka sy vaky barara. Dia ny nanjo an-dRabodolahy no nanjo an-dRamavolahy.

Nalahelo mafy io ray fadiranovana io, ka mba tsy hisian' ny fikomiana intsony sy hampandry tsara ny andro sisa, dia nanao kabary izy niantso an-dRadama ho dimbiny. Kelikely foana taorian' izany dia maty tao Ambohimanga izy tamin' ny taona 1810; tokony ho 65 taona izy tamin' izay ary 23 taona no nanjakany.

Dia nisolo azy **Radama I**.

Parasols d'Andrianampoinimerina.

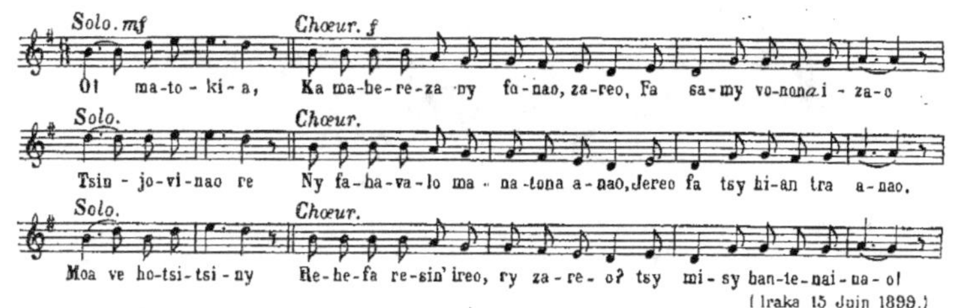

HIRAN' NY MPIANTAFIKA.
Chant de guerre.

(Iraka 15 Juin 1899.)

CHAPITRE V.

RADAMA Ier (1810-1828). — MENÉES DE L'ANGLETERRE.

33. — Quels furent les débuts du règne de Radama Ier ?

Le jeune roi frappa sans ménagement tous ceux des membres de sa famille qui pouvaient de près ou de loin lui porter ombrage. On dit même que plusieurs princes ou princesses,

TOKO V.

RADAMA I (1810-1828). — NY NAFITSOKY NY ENGLISY.

33. — Nanao ahoana no nianlombohan' ny nanjakan-dRadama I?

Nasiany tsy nitondrany roa izay rehetra tokony ho nampiahiahy azy tao amin' ny fianakaviany. Misy aza milaza fa betsaka ny havan' andriana na lahy na vavy, ary anisan' izany koa

entre autres son propre frère, furent par ses ordres ensevelis vivants dans un marais ou étranglés avec un lamba de soie.

Radama eut ensuite à réprimer plusieurs révoltes soit chez les Bezanozanos d'Ambatomanga, soit chez les Betsiléos d'Ambositra et de Fianarantsoa : il le fit avec une sévérité excessive. A Ambatomanga, les maisons furent brûlées et les habitants chassés au delà de la forêt, à Ambodinangavo. Ambositra fut encore plus maltraité : les hommes furent mis à mort, et les femmes et les enfants emmenés en captivité dans l'Émyrne. Au delà de Fianarantsoa, à *Ifandanana*, village bâti sur un roc élevé, les in-

ny rahalahiny, no nasainy nalevim-belona tao anatin' ny heniheny anankiray ny sasany, ary ny sasany koa nofonosina lambamena dia nokendaina tao.

Nony afaka izany dia lasa **Radama** namely ny mpikomy maro, na tany amin' ny Bezanozano tao Ambatomanga, na tany amin' ny Betsileo tao Ambositra sy tao Fianarantsoa, kamafy ery no nafitsony azy. Tao Ambatomanga dia nodorany ny trano ary ny mponina dia noroahiny any Ambodinangavo ankoatry ny ala any. Fa ny tao Ambositra indray no loza ny nahazo azy : fa ny lehilahy rehetra dia novonoiny, ary ny zaza amam-behivavy dia nobaboiny nentiny tao Imerina. Tao atsimony Fianarantsoa tao

fortunés Betsiléos préférèrent se donner eux-mêmes la mort que de tomber entre les cruelles mains de Radama. Sous les yeux des Hovas qui faisaient le siège de la place, ils se précipitèrent du haut de leur rocher et périrent ainsi par milliers dans l'abîme. Trois cents d'entre eux qui n'eurent pas ce triste courage devinrent·esclaves des Hovas.

Radama, toujours victorieux dans quelques autres expéditions au nord et au sud de ses États, songea enfin à étendre ses conquêtes jusqu'à la mer. Il ne pouvait ignorer que la France régnait sur la côte est depuis près de deux siècles; mais il alla de l'avant, poussé par son ambition et surtout par les habiles agissements de l'Angleterre.

34. — L'Angleterre avait-elle des droits sur Madagascar?

Elle n'en avait aucun. Mais en 1814 l'île de France, désormais Maurice, étant devenue, avec ses dépendances, c'est-à-dire les Seychelles, Rodrigue, etc., propriété de l'Angleterre, Farquhar, gouverneur de l'île, émit la prétention de comprendre parmi ses dépendances tous les anciens établissements français de Madagascar. Il fut désapprouvé par l'Angleterre elle-même. Battu de ce côté, il essaya de capter les bonnes grâces de Radama, entra en relations avec lui par l'entremise de divers envoyés, notamment de Lesage et Hastie, et parvint, à force de présents et de promesses, à implanter solidement l'influence anglaise au centre même de Madagascar. Il ne manqua pas surtout d'encourager Radama à étendre son autorité jusqu'à la côte, ce qui devait fatalement, tôt ou tard, mettre aux prises le royaume hova et la France.

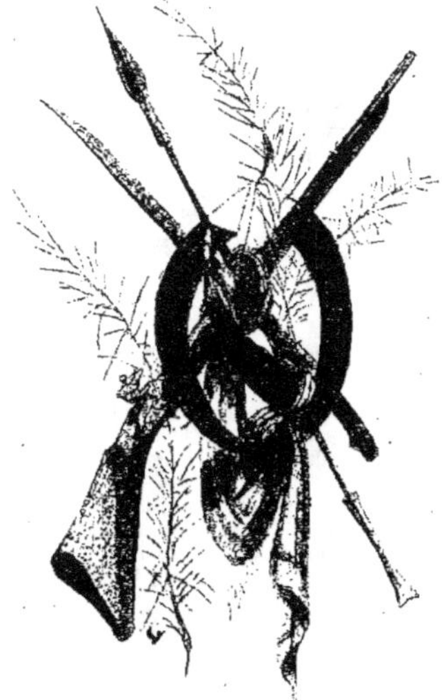
Panoplie sakalave.

Le résultat immédiat de ces habiles manœuvres fut un traité signé le 23 octobre 1817, suivi d'un autre du 24 octobre 1820, dans lequel Radama, au mépris des droits séculaires de la France, était reconnu roi de *tout Madagascar* et dépendances.

35. — Comment Radama se conduisit-il envers la France?

A l'instigation des agents anglais, il la traita sans ménagement. En 1817, il s'empare de Tamatave, où régnait *Jean René*, l'allié et le vassal de la France. En 1822, par l'entremise d'une corvette anglaise, il ose signifier à *Sylvain Roux*, qui venait de débarquer à Sainte-Marie à la tête d'une expédition, d'avoir à se retirer au plus tôt de cette île. En 1823, il entreprend une campagne sur la côte orientale et but avoué d'évincer la France. Enfin, en 1825, il ne craint pas d'envoyer un corps d'armée hova chasser de Fort-Dauphin l'officier et les cinq soldats français qui y étaient en garnison.

36. — Radama n'essaya-t-il pas de soumettre aussi la côte occidentale?

Vainqueur à l'est où la France, trop patiente, négligea de châtier sa témérité, Radama porta ses armes au *Ménabé*, au *Boéni* et sur d'autres points de la côte ouest.

Ifandanana, vohitra kely miorina ao an-tampon' ny vato anankiray avo be, dia naleon' ireo Betsileo fadiranovana namono tena toy izay ho azon' ny tánan-dRadama tsy mifaditrovana. Koa dia izao jeren' ny Hova manao fahirano ny tanána, mivarina amin' ny haram-bato izao izy, ary nisy arivo maro no maty toy izany. Ny telonjato sisa tsy nahafaty tena dia lasan-ko andevon' ny Hova.

Naharesy mandrakariva tamin' ny ady hafa nataony Radama na tany avaratra na tany atsimon' ny fanjakany, ka tamin' ny farany dia nikasa hampanaiky ny tany hatrany amin' ny ranomasina. Fantany hiany fa efa roanjato taona Frantsa no nanjaka tao amin' ny moron-tsiraka atsinanana; fa nentanin' ny faniriany izy ary indrindra indrindra novokisan' ny Englisy ka nisosohany fotsiny izao.

34. — Moa mba nanam-pahefana taminy Madagaskara ve ny Englisy?

Tsy nanam-pahefana taminy izy na dia variraiventy aza. Fa tamin' ny taona 1814, nony efa lasan' ny Englisy ilay nosiny Frantsa novana anarana hoe : Morosy, mbamin' izay rehetra momba azy, toy ny Seychelles, ny Rodrigue, etc., dia mba nihamboan' ilay Farquhar goverinoran' io nosy io ho momba any Morosy koa ny tany rehetra nonenan' ny Frantsay efa ela teto Madagaskara. Nefa na dia ny fanjakan' ny Englisy aza dia nilaza azy io ho diso. Vaky lainga tamin' izay izy, ka nitady hifetsy an-dRadama, dia naniraka olona tany aminy. Anisan' ireo Lesage sy Hastie, ary nohon' ny fanatitra sy ny fampanantenana efa heraka nafitsony, dia tonga nanan-kery tokoa tao amin' ny foibeny Madagaskara ny Englisy. Fa ny nimasoany indrindra dia ny nanambosy an-dRadama hanitatra ny fanjakany hatrany amoron-tsiraka, ka ny adin' ny fanjakan' ny Hova sy Frantsa no tsy maintsy ho vokatr' izany taty aoriana.

Izany fanolikolena izany no nahazoan' ny Englisy fanaikena anankiroa : ny iray tamin' ny 23 octobre 1817 ary ny iray tamin' ny 24 octobre 1820, ka dia nodiany tsy hita tamin' izay ny fahefana nananany Frantsa hatry ny ela teto, ary nankatoaviny ho mpanjakany *Madagaskara manontolo* sy ny momba azy Radama.

35. — Nanao ahoana no nanaovan-dRadama any Frantsa?

Novokisan' ny Englisy izy, ka tsy jabany akory Frantsa. Tamin' ny taona 1817 dia nalainy Toamasina nanjakan' ilay *Jean René* sakaiza sy menakeliny Frantsa. Tamin' ny taona 1822, nony vao nitody tao Sainte-Marie nitondra tafika *Sylvain Roux*, dia nasain-dRadama nitondra teny be avona tany aminy ny sambo englisy anankiray handrahona azy hiala haingana. Tamin' ny taona 1823 dia niantafika tao amorontsiraka atsinanana izy, ka tsy nafeniny fa ny handroaka any Frantsa hiany no nokasainy tamin' izay. Farany, tamin' ny taona 1825, dia sahy naniraka ny miaramilany izy handroaka hiala ilay manamboninahitra anankiray sy ny miaramila frantsay dimy lahy niandry any Faradofay.

36. — Moa tsy nitady hampanaiky ny moron-tsiraka andrefana koa va Radama?

Nony efa naharesy ny tao atsinanana Radama nohon' ny tsy nitadiavany Frantsa hanafay azy amin' ny fahasahiany, dia lasa indray niantafika tany *Menabe* sy tany *Boaina* ary tao amorontsiraka

Il n'y fut pas toujours heureux. Les deux premières expéditions au Ménabé furent désastreuses; une troisième n'obtint qu'un succès partiel.

Ainsi s'étendait toujours le royaume hova; mais cette extension était souvent plutôt nominale qu'effective, et les tribus vaincues gardaient à peu près leur indépendance.

Radama mourut à Tananarive le 27 juillet 1828, des suites de ses débauches et de ses excès habituels en fait de boisson.

andrefana izy. Tsy nandresy mandrakariva izy tany, fa indroa dia nahita loza hiany tany Menabe; ary tsy nahombihomby loatra tamin' ny fanintelony.

Na dia izany aza, dia nitatra hiany ny fanjakan' ny Hova; fa matetika dia anarana foana izany hoe nitatra, satria saiky mbola nahaleo tena hiany ny firenena maro, na dia resy an'ady aza.

Tamin' ny 27 juillet 1828 no nahafatesan-dRadama tao Antananarivo, ka arotina nateraky ny fitondran-tena ratsy nataony sy ny tsy fahalalany onona tamin' ny fisotro no nahafaty azy.

Tombeaux des rois à Tananarive.

37. — Radama n'eut-il pas aussi des Français dans son entourage?

Bien qu'inféodé aux Anglais, Radama sut pourtant s'affectionner aussi au sergent *Robin* et au charpentier *Legros*, tous deux Français.

Robin, qui arriva à Madagascar dès 1819, fut à la fois secrétaire et aide de camp de Radama, et son professeur de lecture, d'écriture, de calcul et de français. Il apprit également le français à quelques indigènes et fut le premier à écrire le hova en caractères latins.

L'œuvre principale du charpentier Legros fut le palais de *Soanierana*, démoli aujourd'hui. Il apprit aux indigènes à se servir de la colle forte, et peut-être aussi de la scie et de divers outils. Legros fut payé d'ingratitude après la mort de Radama. Comme il réclamait énergiquement ce qu'on lui devait, on lui dit de se rendre à Tamatave pour y toucher le montant de sa créance, partie en espèces, partie en bœufs. Il se mit en route et mourut presque aussitôt. .

37. — Moa tsy nisy Frantsay koa nifankahazohazo tamin-dRadama?

Na dia fatra-pisakaiza tamin' ny Englisy aza Radama, dia nisy Frantsay roa lahy no nampisehoany fitiavana koa : dia sergent *Robin* sy *Legros* mpandrafitra.

Robin, tonga teto Madagaskara tamin' ny taona 1819, dia sady mpanoratra no dekan-dRadama, ary mpampianatra azy vaky teny, sy soratra, sy marika ary teny frantsay. Nampianatra teny frantsay zana-tany sasantsasany koa izy, ary izy no voalohany nanoratra ny fitenin' ny Hova tamin' ny soratra vazaha.

Ny rova teo *Soanierana* izay efa rava izao no asa lehibe indrindra nataony Legros. Nampianatra ny zana-tany ny fametahana glio izy, ary toa ny fomban' ny tsofa sy ny fiasana sasany koa angamba. Fa tsy fankasitrahana no valy hitany Legros nony maty Radama. Nitaky ny karamany izy : fa nasain' ny fanjakana nankany Toamasina, fa any, hono, no handoavana azy, ka ny antsasany vola, ary ny antsasany omby. Dia nandeha izy, kanjo maty vetivety foana.

Soanierana.

CHAPITRE VI.

RANAVALONA Iᵗʳᵉ (1828-1861).

38. — *Qui succéda à Radama Iᵉʳ ?*

Ce fut sa femme *Mavo*, ainsi que l'avait réglé Andrianampoinimerina; elle prit le nom de **Ranavalona.**

Avec elle, on peut dire que c'est la barbarie qui monte sur le trône. Rien n'égalait sa défiance à l'égard des étrangers, si ce n'est peut-être la sauvagerie avec laquelle elle traita ses propres sujets. Son règne fut celui du *tanghen*, un long règne de trente-trois ans, et on évalue à près de 200.000 le nombre des victimes qu'elle fit périr par ce terrible poison et d'autres supplices. Elle eut pour la seconder des premiers ministres dignes d'elle, nommément *Rainiharo* (le père de Rainilaiarivony), et le cupide et cruel *Rainijoary* (1).

39. — *Que fit la France au début du règne de Ranavalona?*

La France songea alors à venger les injures qui lui avaient été faites sous Radama. Le 11 octobre 1829, le lieutenant de vaisseau *Gourbeyre* bombarda Tamatave; il fut moins heureux devant Foulpointe, mais détruisit le fort hova de la Pointe-à-Larrée. On pouvait espérer que le roi de France, Charles X, après la glorieuse conquête d'Alger, allait ordonner l'occupation de Madagascar; mais la Révolution de 1830 ne lui en laissa pas le temps. Sous Louis-Philippe, tous les postes français de la côte est furent évacués, et les Hovas, ne craignant plus la France, traitèrent sans ménagement ses alliés, les Betsimisarakas.

40. — *Dans quelles circonstances mémorables un prêtre français mourut-il à cette époque à Andévorante?*

La France et Madagascar restèrent en paix quelque temps, après l'avènement de Louis-Philippe. M. *de Solages*, préfet apostolique de Bourbon, voulut en profiter, en 1832, pour aller prêcher le catholicisme à Tananarive. Les prédicants anglais qui s'y étaient établis depuis 1820, craignant en lui un rival, le signalèrent sous les plus noires couleurs à la reine. Ordre fut aussitôt donné d'arrêter le missionnaire catholique. Les émissaires royaux le rencontrèrent à Andévorante, et le firent garder à vue dans

---

TOKO VI.

RANAVALONA I (1828-1861).

38. — *Iza no nandimby an-dRadama I?*

Mavo vadiny no nisolo azy, araka ny lahatr' Andrianampoinimerina, ka niova anarana hoe : **Ranavalona** izy.

Tena nasiaka mihitsy io mpanjakavavy io, sady fatra-piahiahy ny vazaha no nanao vono moka ny vahoakany. Toa ny *tangena* no nanjaka tamin' izany nandritra ny telo amby telopolo taona, ary tokony ho 200.000 angaha no matin' io poizina io sy ny fampijaliana sasany koa. Ratsy tahaka azy koa ny ministra niara-nitondra fanjakana taminy, anisany dia *Rainiharo* (ray niteraka an-dRainilaiarivony), sy *Rainijoary* (1).

39. — *Inona no nataony Frantsa nony vao nanjaka Ranavalona I?*

Tamin' izay Frantsa dia nikasa hamaly ny nanitsakitsahana azy fony Radama. Tamin' ny 11 octobre 1829, dia nasian' ilay *Gourbeyre* kapitenin-tsambo bomba Toamasina. Tao Mahavelona koa izy, fa tsy nahomby loatra; nefa voaravaravany ilay mandan' ny Hova tao Pointe-à-Larrée. Tamin' izay dia avy nandresy any Alger Frantsa, fony Charles X mpanjaka, ka efa nikasa haka any Madagaskara koa, fa sendra nisy sampona noho ilay fitabatabana tamin' ny 1830. Fony Louis-Philippe nanarakaraka any Charles X, dia niala tao amoron-tsiraka atsinanana ny Frantsay, hany ka tsy natahotra intsony ny Hova, fa nasiany mafy ny Betsimisaraka sakaizany Frantsa.

40. — *Nanao ahoana ny nahafatesan' ny pretra frantsay anankiray tao Andevoranto tamin' izay?*

Nony efa nanjaka Louis-Philippe, dia nijanona kelikely tsy niady loatra Frantsa sy Madagaskara, ka tamin' ny taona 1832, dia nitady hanararaotra izany ilay pretra anankiray tao Bourbon atao hoe : M. *de Solages*, hiakatra hampianatra ny fivavahana katolika tao Antananarivo. Velon' eritreritra tamin' izay ireo misionary englisy efa tonga tao tamin' ny taona 1820, ka loza ery ny nafitsony tamin-dRanavalona hanaratsy an' ilay pretra frantsay. Dia nasain' ny fanjakana nosakanana tany an-dàlana

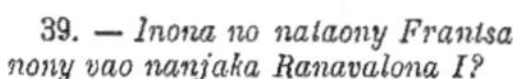

---

une méchante case, où il ne tarda pas à mourir de misère et de faim, le 8 décembre 1832.

41. — *Quelles autres tentatives d'évangélisation catholique à Madagascar faut-il signaler sous le règne de Ranavalona Ire?*

En 1845, M. *Dalmond*, nommé préfet apostolique de Madagascar, essayait de s'établir avec quelques missionnaires de la Compagnie de Jésus dans la baie de Saint-Augustin, sur la côte ouest; mais cette tentative échoua, grâce aux perfides intrigues des prédicants anglais de Maurice.

En 1853, un autre essai fut tenté par les Pères Jésuites à Baly. La reine Ranavalona l'ayant appris, donna des ordres pour détruire leur œuvre, tandis que le prince *Rakoto*, bien différent de sa mère, leur envoyait une ambassade secrète pour les prier de vouloir bien entrer en relations avec lui. En 1859, les missionnaires durent quitter Baly, et essayèrent, mais sans plus de succès, de s'établir de nouveau dans la baie de Saint-Augustin, à Tuléar, et même à Solar chez les farouches Mahafaly.

C'est seulement en 1855 et en 1856 que les missionnaires Jésuites purent pénétrer secrètement jusqu'à Tananarive; mais il leur fallut attendre la mort de Ranavalona pour avoir la liberté d'exercer leur ministère auprès des indigènes.

42. — *Quelles acquisitions nouvelles fit la France à Madagascar sous le règne de Ranavalona Ire?*

En 1840-1841, l'amiral de Hell, gouverneur de Bourbon, offrait aux Sakalaves le concours de la France contre les Hovas, et concluait avec la reine Tsiomeko un traité par lequel Nossi-Bé et les îles environnantes étaient cédées en toute propriété à la France. Peu après, Mayotte devenait également possession française, et l'autorité de la France s'étendait sur toute la côte nord-ouest depuis la baie de Passandava jusqu'au cap Saint-Vincent. En 1846, la France acquit encore Vohémar, et, quelques années plus tard, toute la côte ouest depuis la baie de Baly jusqu'à celle de Saint-Augustin.

43. — *N'y eut-il pas encore rupture en 1845 entre la France et Ranavalona Ire?*

Le 13 mai 1845, Ranavalona ordonnait à tous les Européens de ses États, de quelque nationalité qu'ils fussent, d'avoir à se soumettre à toutes les lois du pays, aux corvées, à l'esclavage, voire même à la loi du tanghen; à cette condition seulement ils pourraient demeurer dans l'île. Les Européens protestèrent, mais sans succès; la reine les somma de s'éloigner et ordonna le pillage de leurs biens. C'est alors que l'amiral français *Romain Desfossés*, bombarda la batterie de Tamatave, le 15 juin 1845. Un navire anglais prêta aussi son concours, et on tenta l'escalade du fort. Mais on n'avait ni assez d'hommes ni même assez de munitions, et il fallut se retirer en laissant quelques morts au pouvoir des Hovas. A peine Français et Anglais partis, les Hovas se donnèrent la sauvage satisfaction de hisser sur le rivage, au bout de pieux aigus, dix-huit têtes d'Européens. Elles y restèrent dix ans.

La France songeait à venger cette injure quand éclata la Révolution de 1848.

Lambert.

izy, ka tao Andevoranto no nahitan' ireo irak' andriana azy. Dia nambenany tao amin' ny trano bongo ratsy anankiray, ka vetivety foana dia matin' ny fahoriana sy ny hanoanana tao izy, tamin' ny 8 décembre 1832.

41. — *Moa tsy nisy hafa koa nitady hampianatra ny fivavahana katolika teto Madagaskara fony Ranavalona I?*

Tamin' ny taona 1845, dia nataon' ny Papa mpifehy teto Madagaskara M. Dalmond, ka nitondra misionary vitsivitsy anisan' ny fikambanan' ny Jésuites izy ary nitady hijanona tao Toleara, ao amoron-tsiraka andrefana. Nefa tsy nahapetraka tao izy nohon' ny hafetsen-dratsin' ireo misionary protestanta tao Morosy.

Tamin' ny 1853, raftra nanao tao Baly koa ny Mompera, fa nony ren-dRanavalona izany, dia nasainy nofongorana ny asan' izy ireo. *Rakoto* zanany kosa tsy nanahaka an-dreniny akory, ka nandefa iraka mangingina tamin' ireo Mompera, fa tsy maintsy hifampirabaraha isika amin' ny ho avy, hoy izy. Tamin' ny 1859, dia voatery hiala tao Baly ireo Mompera, ka nitady hipetraka tao Toleara indray ary tao Soalary koa; fa aim-bery foana ny nataony.

Tamin' ny 1855 sy 1856 no vao nahazoan' ny Mompera niakatra mangingina tao Antananarivo; fa tsy afaka nampianatra fivavahana ampahibemaso izy raha tsy efa maty Ranavalona.

42. — *Iza avy no tany azony Frantsa indray teto Madagaskara fony Ranavalona I?*

Tamin' ny 1840-41, dia nanome toky ny Sakalava ilay goverinora tao Bourbon atao hoe : M. de Hell fa hiaro azy tsy hasian' ny Hova amin' ny sisa Frantsa, ka ho valin' izany dia nomen' ilay mpanjakavavy atao hoe Tsiomeko any Frantsa Nosy-Be sy ny nosy manodidina azy. Taoriana kelin' izany dia lasany Frantsa koa Mayotte, ka tonga nananany fahefana ny moron-tsiraka avaratr' andrefana hatrao amin' ny helodrano Ampasandava ka hatrao amin' ny tanjona Saint-Vincent. Tamin' ny 1846 azony Frantsa koa Vohimarina, ary tsy ela taorian' izany ny moron-tsiraka andrefana hatrao amin' ny helodrano Baly ka hatrao Toleara.

43. — *Moa tsy niady indray va Frantsa sy Ranavalona I tamin' ny taona 1845?*

Tamin' ny 13 mai 1845, namoaka teny Ranavalona nandidy ny vazaha rehetra teto Madagaskara hanaraka ny lalám-panjakany; fa na dia vazaha aza, hoy izy, tsy maintsy manao fanompoana, azo atao andevo ary azo ampinomina koa : raha tsy izany tsy mahazo mipetraka eto Madagaskara. Nitaraina mafy ny vazaha, fa aim-bery foana; noroahin-dRanavalona izy ireo ary nasainy nalaina ny fananany. Raha nahare izany ilay amiraly frantsay atao hoe *Romain Desfossés*, dia nasiany tafondro ny baterin' ny Hova tao Toamasina, tamin' ny 15 juin 1845. Nisy sambo englisy anankiray koa nanampy azy, ka dia nitady hananika ny baterý izy ireo. Fa sendra tsy ampy be hiany na ny miaramila na ny fitaovana, ka horiny nody niala, ary nisy maty sasantsasany, fa tsy azony nentina ny fatiny. Nony vantany vao lasa ny Frantsay sy ny Englisy, dia notohizin' ny Hova hazo maranitra ny lohan' ireo faty valo ambiny folo, ka najorony teo amoron-dranomasina. Folo taona taorian' izany dia mbola teo hiany ireo loham-paty ireo.

Efa nikasa hanafay izany fahasahian' ny Hova izany Frantsa, faingy tsy afaka noho ilay fikorontanana tamin' ny 1848.

44. — *Signalez trois célèbres Français qui eurent des relations plus particulières avec Ranavalona Ire et son fils, le prince Rakoto.*

Ces trois Français furent M. **de Lastelle**, M. **Laborde** et M. **Lambert**.

M. *de Lastelle* habitait les côtes de Madagascar depuis 1825 et y avait acquis une grande fortune par son commerce et divers établissements, comme sucrerie, distillerie pour rhum, etc., exploités avec les esclaves de la reine et de compte à demi avec elle. Quand il venait à Tananarive, il était reçu comme un membre de la famille royale et avec les honneurs dus aux plus grands princes.

M. *Laborde* était né à Auch en 1806. En 1831, revenant des Indes, il fait naufrage aux environs de Fort-Dauphin et est recueilli par M. de Lastelle, qui ne tarde pas à l'envoyer à la reine Ranavalona comme ingénieur universel. Grâce à son esprit inventif et à son indomptable énergie, sans autres ressources que celles du pays, Laborde crée à Mantasoa des fonderies de canons, des forges, des ateliers de tout genre, où il employait plus de dix mille ouvriers. On lui doit l'usage de la chaux, de la tuile, de la brique, du savon, etc. Sur la demande de la reine, il lui construisit le magnifique palais de *Manjakamiadana* (mais non la lourde enceinte en pierres de taille ajoutée dans la suite). Le tombeau de Rainilaiarivony à Isotry est aussi son œuvre. On ne saurait dire tous les services que Laborde a rendus aux Malgaches, ainsi qu'à ses compatriotes fixés avec lui à Madagascar. Il fut pour le prince Rakoto, plus tard Radama II, un sage conseiller et fidèle ami.

M. *Lambert* avait fondé une grande maison de commerce à Maurice. En 1855, il obtient l'autorisation de monter à Tananarive avec le P. Finaz, qu'il fait passer pour son secrétaire. Comme il allait en France, le prince Rakoto le charge d'exposer à Napoléon III tous les malheurs qui pesaient alors sur les Malgaches, et lui remet une lettre par laquelle il demandait avec instance à l'empereur le protectorat français. M. Lambert fit plusieurs séjours à Tananarive, où il eut à traiter les affaires les plus importantes concernant les intérêts communs de la France et de Madagascar.

45. — *Quels autres Français furent encore autorisés par Ranavalona à monter à Tananarive?*

Il convient de signaler M. *Milhet-Fontarabie*, médecin distingué de la Réunion, qui fut appelé à Tananarive pour opérer le frère de Rainijoary, atteint d'un cancer au nez. Il arriva au commencement d'octobre 1856, accompagné des Pères Jouen et Webber qui, sous des noms d'emprunt, passaient pour ses auxi-

Laborde.

Ruines de Mantasoa.

44. — *Iza moa ireo Frantsay telo lahy nifampiraharaha indrindra tamin-dRanavalona sy Rakoto zanany?*

M. **de Lastelle** sy M. **Laborde** ary M. **Lambert** no anaran' izy telo lahy ireo.

Eta hatramin' ny taona 1825 M. *de Lastelle* no nipetraka tao amoron-tsiraka, ka tonga nanankarena be izy noho ny varotrasy ny asa sasany nataony, toy ny fanaovan-tsiramamy, ny fanaovan-toaka, etc. Nomen' ny andriana andevo hanampy azy izy ka nisasahany ny tombom-barotra. Fatratra ny nandraisan' ny andriana azy tamin' izy niakatra tao Antananarivo, fa nataony sahala amin ny' havany ambony indrindra.

M. *Laborde* dia teraka tao an-tanàna Auch tamin' ny taona 1806. Tamin' ny 1831 niverina avy tany India izy ka vaky sambo tao anilany Faradofay; dia noraisin' M. de Lastelle izy ary nampankanesiny tany amin-dRanavalona hanampy azy amin' ny tao-zavatra. Nohon' ny fahaizany mamoron-javatra sy ny herim-pony tsy mety kivy, nahagaga erý ny asa vitany tao Mantasoa, nefa ny misy atý hiany no nanaovany azy. Ao ny fanaovan-tafondro, ao ny fanefena, ao ny fiasana isan-karazany, ka nihoatra ny mpiasa iray alina no niasa tao. Izy no nampianatra ny fanaovan-tsokay, ny tafo tanimanga, ny biriky, ny savony, etc. Nangataka azy hanao rova ny andriana, ka *Manjakamiadana* no nataony (fa tsy ilay asa vato tsy mendrika loatra manodidina azy natao taty aoriana). Izy koa no nanome marika ny fasan-dRainilaiarivony ao Isotry. Toa' tsy tambo isaina ny soa betsaka nataony M. Laborde tamin' ny Malagasy, sy tamin' ny Frantsay niara-nipetraka taminy teto Madagaskara. Nanan-kavana sy mpanolo-tsaina mahatoky tokoa Rakoton-dRadama nanana azy.

Nanorin-trano fivarotana lehibe tao Morosy M. *Lambert*. Tamin' ny taona 1855, dia nahazo lálana hiakatra tao Antananarivo izy sy Mompera Finaz, izay nody nataony ho mponorany. Ho any Frantsa izy tamin' izay, ka nanararaotra izany Rakoton-dRadama mba hampaharo any Napoléon III ny loza rehetra nanjo ny Malagasy, ary nampitondra taratasy nangataka azy haka any Madagaskara ho ambany fiarovany Frantsa. Niverina tao Antananarivo koa M. Lambert indraindray, ka raharaha lehibe iombonany Frantsa sy Madagaskara no nataony tao.

45. — *Iza koa no Frantsay sasany nomen-dRanavalona lálana hiakatra tao Antananarivo?*

Mety raha lazaina eto koa M. *Milhet-Fontarabie*, dokotera mahay tao Bourbon, nantsoina hankao Antananarivo mba hitsabo ny rahalahin-dRainijoary, efa voan' ny fery mihady ny orony. Tamin' ny niantombohan' ny volana octobre 1856 no nahatongavany mbaminy Mompera Jouen sy Webber, izay nody nataony

4

liaires. Ceux-ci venaient rejoindre le P. Finaz pour essayer d'implanter la religion catholique à Tananarive.

46. — *Quels graves événements eurent lieu à Tananarive pendant l'année 1857 ?*

L'année 1857 fut la plus terrible du règne de Ranavalona Ière, la plus féconde en barbaries et en massacres. M. Lambert, de retour de France, fut reçu comme un libérateur; mais, hélas! il apportait la triste nouvelle que la France ne pouvait, pour le moment, intervenir. Un complot fut alors organisé pour renverser Rainijoary, et aurait heureusement réussi sans l'inavouable jalousie des prédicants anglais, lesquels redoutaient que le changement ne tournât à l'avantage de la cause française et catholique. Ils trouvèrent un traître qui eut le courage de tout dévoiler à Rainijoary lui-même. Celui-ci en profita pour compromettre tous les Européens. Reconnus coupables à la suite de l'épreuve du tanghen pratiquée sur des poules représentant chacune un d'entre eux, ils furent tous bannis, à l'exception pourtant du P. Webber. Pour ce dernier, Rainijoary avait fait ménager la poule qui le représentait, en reconnaissance des bons soins qu'il avait prodigués à son frère. Le prince Rakoto essaya en vain de sauver ses amis; ils durent tous partir, même M. Laborde (juillet 1857). Les exilés se réfugièrent à Bourbon.

Ranavalona Ière mourut le 15 août 1861. Le prince Rakoto son fils lui succéda sous le nom de **Radama II.**

ho mpanampiny sy efa niova anarana koa. Ny nokendren'ireo Mompera roa lahy tamin' izay dia ny hihaona aminy. Mompera Finaz sy hanorina ny fivavahana katolika tao Antananarivo.

46. — *Inona no zavatra lehibe tonga tao Antananarivo tamin' ny taona 1857 ?*

Tamin' ny taona 1857 no dia tena niferin' aina indrindra ny Malagasy hatr'izay nanjakan-dRanavalona I, ka faly ery ny olona nahita any M. Lambert niverina, fa nataony ho tonga hanafaka azy izy. Kanjo diso fanantenana izy ireo, fa nilaza M. Lambert fa mbola tsy afaka hanamboatra ny raharaha Frantsa. Tamin' izay nisy niray tetika hanongana an-dRainijoary, fa nosakanan' ireo misionary englisy mpialona izay tsy izy, satria natahotra izy sao hanambina any Frantsa sy ny katolika izany fiovan-draharaha izany. Ary nanamby olona anankiray anisan' ny mpiray tetika izy ireo hamadika ny namany sy hilaza izay rehetra nokasainy hatao tamin' ny tenan-dRainijoary. Ny vazaha rehetra no nasian-dRainijoary ny heloka : dia naka akoho izy nataony solon' izy rehetra tsirairay avy, ary nampisotroiny tangena. Maty daholo ireo akoho ireo, afatsy ilay solony Mompera Webber, ka noroahin' ny andriana daholo ny vazaha rehetra. Fa ny aminy Mompera Webber kosa, hafetsen-dRainijoary no tsy nahafaty ny akoho solony, fa tahamaly soa azy nohon' ny nitsaboany ny rahalahiny. Nanao izay tratry ny ainy hihazona ireo sakaizany ireo Rakoto, fa sasa-poana; koa dia hatramin' ny tenany M. Laborde avy no lasa nandeha (juillet 1857). Tao Bourbon no nihatahan' ireo voasesi-tany ireo.

Tamin' ny 16 août 1861 no nahafatesan-dRanavalona 1. Rakoto zanany no nandimby azy ka natao hoe : **Radama II.**

Palais de Ranavalona Ière (construit par Laborde).

CHANT POPULAIRE EN L'HONNEUR DE RANAVALONA Ière

(Iraka 1er Janvier 1898.)

CHAPITRE VII.

RADAMA II (1861-1863).

47. — Quels furent les débuts du règne de Radama II?

On ne saurait dire l'enthousiasme délirant du peuple malgache à l'avènement de **Radama II** : grands et petits se sentaient enfin délivrés d'une abominable tyrannie et rendus à la liberté, à la vie, au bonheur.

Les exilés furent aussitôt rappelés, et dès le mois d'octobre de cette année 1861 M. Laborde était de retour à Tananarive avec M. Lambert et les Pères Jouen et Webber.

Un mois plus tard, M. Lambert repartait, chargé par Radama d'une mission nouvelle auprès de l'empereur Napoléon. Le P. Jouen rentrait également à Bourbon, d'où il devait faire parvenir

TOKO VII.

RADAMA II (1861-1863).

47. — Nanao ahoana ny toetry ny raharaha tamin' ny voalohan' ny nanjakan-dRadama II?

Toa tsy misy teny ilazana ny hafalian' ny vahoaka nony nanjaka **Radama II,** fa mafy koa raha mafy no nanjo ka afaka, ary toa maty ka velona.

Nasaina niverina ireo voasesi-tany, ary tamin' ny volana octobre 1861 dia tafaverina tao Antananarivo indray M. Laborde nombany M. Lambert sy Mompera Jouen ary Mompera Webber.

Nony afaka iray volana, dia lasa indray M. Lambert, fa nirahin-dRadama hankany aminy Napoléon. Niverina tany Bourbon koa Mompera Jouen, ka tao izy no nandefa taratasy feno tenim-

Premiers établissements de la mission catholique à Tananarive.

au Souverain Pontife Pie IX une lettre de Radama, remplie des plus nobles sentiments.

L'année suivante, 1862, deux députations furent envoyées par Napoléon III à Tananarive : dans la première, M. le baron de Corbigny apportait au roi hova les félicitations de l'empereur; la seconde, sous les ordres du commandant Dupré et composée d'un nombreux personnel d'officiers, venait représenter officiellement le gouvernement impérial au couronnement de Radama.

M. Laborde était revenu avec le titre de consul de France. Ce fut le 15 août 1862 que le pavillon français fut solennellement arboré sur le consulat. Ce jour-là le roi et la reine assistèrent à la messe dans l'église catholique.

Le 20 septembre fut signé un traité de commerce entre la France et Madagascar.

Le 23 eurent lieu les fêtes du couronnement, au milieu de l'allégresse générale. M. Lambert avait apporté de France les présents de l'empereur : couronne, manteaux, etc. Il est intéressant aussi de noter que, le matin de ce grand jour, une messe avait été célébrée au palais, et que le célébrant, après avoir aspergé d'eau bénite la couronne royale, l'avait posée solennellement sur la tête du roi.

pitiavana sy fanajana nomen-dRadama azy hampanateriny any aminy Papa Pie IX.

Tamin' ny taona manarakaraka, 1862, indroa no nanirahany Napoléon solon-tena tao Antananarivo : tamin' ny voalohany, dia M. Brossard de Corbigny no nasainy nisolo azy hiarahaba an-dRadama noho izy nanjaka; tamin' ny faharoa, dia ny kapitenin-tsambo Dupré sy ny manamboninahitra maromaro no nirahiny hisolo azy tamin' ny nisehoan-dRadama.

Efa voatendry ho solon-tenany Frantsa teto Madagaskara koa Laborde tamin' izy niverina tao Antananarivo, ka tamin' ny 15 août 1862 no nananganany ampahibemaso ny saina frantsay teo ambony tranony. Tamin' io andro io koa dia namonjy lamesa tao amin' ny leglizy katolika Radama mivady.

Tamin' ny 20 septembre nanao fanaikena hifampivarotra Frantsa sy Madagaskara.

Tamin' ny 23 no nisehoan-dRadama ka hafaliana moa izany no an' ny olona! Efa tongany M. Lambert ny fanatitra avy amin' ny emperora : dia ny satrok' andriana, ny kapaoty, etc. Ny marainan' io andro nanetriketrika io, dia nisy lamesa natao tao anaty rova, ary tamin' ny farany dia notsofin' ny pretra rano ny satrok' andriana ka nasatrony an-dRadama.

48. — *Comment finit Radama II?*

Ainsi, les préférences du nouveau roi semblaient pencher du côté de la France et du catholicisme. C'est ce que ne purent souffrir les prédicants anglais, notamment *Ellis*, qui chercha par tous les moyens en son pouvoir à nuire à M. Lambert et à la Mission catholique.

Radama II.

De plus, le roi s'était entouré de jeunes gens appelés *menamaso*, compagnons de ses plaisirs, auxquels il confiait l'administration des affaires, tandis que les vieux chefs étaient tenus à l'écart. Il se forma un puissant parti de mécontents, dont Rainijoary et Rainivoninahitriniony étaient les chefs et dont Ellis était l'âme.

Au commencement de mai 1863, la confusion régnait déjà dans les esprits. L'étrange épidémie des *Ramanenjana* ou convulsionnaires vint mettre le comble à la surexcitation générale. Le 9 mai commence le massacre des *menamaso*, et le 12 le roi lui-même est attaqué dans son palais, foulé aux pieds et étranglé avec un lamba de soie. Son règne n'avait duré que vingt et un mois.

La responsabilité de cette épouvantable catastrophe doit peser, pour une très grande part, sur Ellis et les missionnaires anglais. Ils ont préféré ce recul vers la barbarie plutôt que de voir sur le trône un roi ami de la France et du catholicisme.

48. — *Nanao ahoana no niafaran-dRadama II?*

Hita arak' izany fa Frantsa sy ny fivavahana katolika no tiand-Radama, ka tsy zakan' ireo misionary englisy izany, indrindra fa *Ellis*, izay nikely aina fatratra hampahita loza any M. Lambert sy ny katolika.

Ellis.

Fanampin'izany, nisy tovolahy maro natao hoe: *menamaso* nofidin' ny mpanjaka ho mpiara-mikoriana aminy sy ho mpanao raharaham-pánjakana, fa ny lehibe mainty molaly rehetra nihatahany. Be no tsy nahazaka izany ka nanao teti-dratsy : Rainijoary sy Rainivoninahitriniony no lehiben' ireo, fa Ellis indrindra no tena lohany.

Tamin' ny volana mai 1863, dia efa indrakindrafana he hiany ny olona, fa ny *Ramanenjana* indrindra no nampikorontana ny vahoaka. Tamin' ny 9 mai no niantomboka ny namonoana ny menamaso, ary tamin' ny 12 dia nasiana tao anaty rova ny tenan' ny mpanjaka, nohitsakitsahina, nofonosina lamba mena dia nokendaina tao. Tsy ampy roa taona akory ny nanjakany.

Ellis sy ny misionary englisy indrindra no ianteheran' izany zava-mahatsiravina izany, fa na dia ny ain' ny mpanjaka sy ny fandrosoan' ny tany ama-monina aza nataony tsy ho zavatra, satria tsy zakany izany hoe mpanjaka anankiray tia any Frantsa sy ny fivavahana katolika.

HYMNE NATIONAL SOUS LE ROI RADAMA II.

(Mélodies Malgaches recueillies par le P. Colin.)
1re série, p. 9.

CHAPITRE VIII.

RASOHERINA (1863-1868).

49. — *Qui succéda à Radama II ?*

Ce fut *Rabodo* sa femme, qui prit le nom de **Rasoherina**. Mais le pouvoir resta tout entier aux mains de *Rainivoninahitriniony,* qui devint premier ministre et s'imposa même à la reine comme époux.

50. — *Quelles difficultés surgirent alors avec le gouvernement français ?*

Les nouveaux maîtres du pouvoir s'étaient empressés de déclarer que les traités conclus par Radama avec les puissances

Rasoherina.

européennes étaient à reviser. Or M. Lambert revenait précisément de Paris avec un traité ratifié et signé par l'empereur. La reine n'ayant pas accepté ce traité, les bonnes relations furent rompues entre les deux gouvernements. Une ambassade fut envoyée à Paris, mais sans succès. Napoléon III exigea une indemnité de douze cent mille francs pour M. Lambert et la Compagnie de Madagascar, dont les intérêts avaient été gravement lésés à la suite de la rupture du traité.

L'influence anglaise grandissait de jour en jour, et le 27 juin 1865 l'Angleterre obtenait un traité qui lui permettait d'exercer une action absolument prépondérante à Madagascar.

51. — *Rainivoninahitriniony resta-t-il longtemps au pouvoir ?*

Il fut destitué le 14 juillet 1864, et remplacé par son frère *Rainilaiarivony,* qui était alors commandant en chef de l'armée. Celui-ci devait rester plus longtemps à la tête du pays et ne disparaître que peu de temps avant la fin de la monarchie hova.

52. — *Comment furent renouées les relations entre le gouvernement français et celui de Tananarive ?*

TOKO VIII.

RASOHERINA (1863-1868).

49. — *Iza no nandimby an-dRadama II ?*

Rabodo vadiny no nandimby azy ka natao hoe : **Rasoherina**. Fa *Rainivoninahitriniony* no tena nandidy ka notereny hanaiky azy ho vadiny ny andriana.

50. — *Inona no tsy nifanarahany Frantsa sy Madagaskara indray tamin' izay ?*

Nony vao maty Radama, dia nolazain' ny fanjakana malagasy fa tsy maintsy hofotopotorana indray ny fanaikena nataony ta-

Case de Rasoherina.

min' ny fanjakana sasany. Fa tamin' izay indrindra dia tonga avy tany Paris M. Lambert nitondra fanaikena nankatoavin' ny emperora sy nasiany sonia. Nolavin-dRasoherina izany fanaikena izany : koa tapaka indray ny fihavanana. Naniraka solon-tena ho any Paris izy, fa sasa-poana. Dia nasainy Napoléon III nandoa ariary 240.000 ho any M. Lambert sy ny Fikambanany Madagaskara, fa maty antoka be loatra izy nohon' ny nandavan-dRasoherina ilay fanaikena teo.

Nandroso erý ny raharahan' ny Englisy tamin' izay, ary tamin' ny 27 juin 1865 no nahavitany fanaikena anankiray nanambina azy fatratra teto Madagaskara.

51. — *Moa ve nandidy ela Rainivoninahitriniony ?*

Naongana tamin' ny 14 juillet 1864 izy, ka nasolo azy *Rainilaiarivony* zandriny, izay lehiben' ny foloalindahy tamin' izay. Nandidy elaela kokoa izy io, ary taloha kelin' ny niafaran' ny fanjakana hova izy vao niala.

52. — *Nanao ahoana no nifankahazoany Frantsa sy Madagaskara indray ?*

Dans le courant de 1866, un commissaire impérial, M. le comte de Louvières, était envoyé à Tananarive pour négocier un nouveau traité. Il y fut mal accueilli et, bien que soutenu par le crédit de M. Laborde, il eut à subir d'insolentes tracasseries de la part du gouvernement hova. Mais il tint bon, et son indomptable énergie eût probablement mené à terme la mission dont il était chargé si la mort n'était venue le frapper à son poste, le 1er janvier 1867. Il est assez probable qu'il a été empoisonné. Il fut inhumé à Ambohipo, dans le cimetière de la Mission catholique.

Tamin' ny taona 1866, dia tonga tao Antananarivo hanao fanaikena hafa M. de Louvières solon-tenan' ny emperora. Toa tsy tsara loatra ny nandraisana azy, ary na dia tao aza M. Laborde nanampy azy, dia sahy nanao hafahafa taminy ny fanjakana. Fa tsy kivy izy, ary tokony ho vitany tsara ny raharaha nanirahana azy, fa saingy maty izy tamin' ny 1 janvier 1867. Nalevina tao Ambohipo amin-dry Mompera izy.

53. — *Qui succéda à M. de Louvières comme commissaire impérial?*

Ce fut M. Garnier. Il était déjà à Tamatave quand Rasoherina, qui avait quitté Tananarive le 10 juin 1867 pour un voyage à la côte est, arriva elle-même à Andevorante. Le commissaire impérial vint l'y saluer, et elle lui fit une réception si magnifique que les autres consuls en furent jaloux. Il faut dire aussi que cette réception avait été préparée par M. Laborde, seul blanc qui eût été autorisé à accompagner la reine dans son voyage. Rasoherina avait demandé elle-même que M. Laborde voulût bien la suivre; elle avait en lui une extrême confiance et ne l'appelait que son père.

54. — *Rasoherina était-elle hostile à la France?*

Rasoherina avait pour la France et la religion catholique les nobles sympathies de son époux Radama II; mais elle n'avait pas toute sa liberté d'action. Elle résista de toutes ses forces à la pression de son entourage qui voulait l'entraîner dans une politique ouvertement hostile à la France et au catholicisme.

Ce fut encore M. Laborde qui l'assista dans sa dernière maladie et qui la baptisa quelques jours avant sa mort. Elle s'éteignit à Tananarive le 1er avril 1868.

53. — *Iza no solon-tenan' ny emperora nandimby any M. de Louvières?*

M. Garnier no nandimby azy. Raha mbola tao Toamasina izy dia tonga tao Andevoranto Rasoherina, fa niala tao Antananarivo tamin' ny 10 juin 1867 ho any amoron tsiraka atsinanana. Dia tonga niarahaba azy tao M. Garnier, ary fatratra ny nandraisan' ny andriana azy, ka velom-pialonana ny solon-tenan' ny fanjakana hafa. M. Laborde no nanomana izany fandraisana izany, fa izy irery hiany no vazaha nahazo lalana naraka ny andriana. Ny tenan-dRasoherina no nangataka izany, fa nahatoky azy tokoa M. Laborde ary Idada hiany no fiantsony azy.

54. — *Moa tia any Frantsa ve Rasoherina?*

Nanahaka an-dRadama vadiny izy tamin' ny fitiavany any Frantsa sy ny fivavahana katolika; fa tsy afaka hanao izay tiany izy. Nitady hanery azy hankahala any Frantsa sy hanenjika ny katolika ny tandapany, fa nanohitra mafy izy.

Ny tenany M. Laborde koa no nitsabo azy tamin' ny naharariany farany sy nanao batemy azy andro vitsivitsy talohan' ny nahafatesany. Dia maty tao Antananarivo tamin' ny 1 avril 1868 izy.

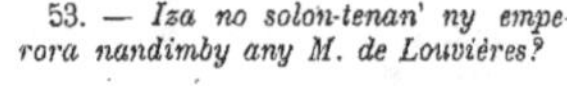

Tananarive sous Rasoherina.

CHAPITRE IX.

RANAVALONA II (1868-1883).

55. — *Qui succéda à Rasoherina?*

Les derniers moments de Rasoherina furent troublés par le bruit d'une conspiration qui avait pour but de renverser son premier ministre, Rainilaiarivony. Celui-ci fut assez heureux pour anéantir ses ennemis, et, dès que l'ordre fut rétabli dans la capitale, il désigna pour reine *Ramona*, cousine germaine de Rasoherina, qui prit le nom de **Ranavalona II.**

56. — *Quelle fut la politique de Rainilaiarivony?*

Devenu tout-puissant et doué d'ailleurs de très grandes qualités, Rainilaiarivony aurait pu, en vivant en bonne intelligence avec la France, travailler avec succès à la prospérité de son pays et ouvrir pour Madagascar une ère de paix et de progrès. Mais il crut que le parti le plus sûr pour maintenir son autorité était de se livrer corps et âme au protestantisme anglais, et c'est ce qui le trompa. Poussé par la force des choses au delà de ses intentions, il fut fatalement entraîné dans une politique de continuelles vexations à l'égard de la France. Celle-ci, patiente à l'excès, le laissa faire longtemps; mais l'heure des solennelles réparations devait sonner enfin, et il advint ainsi que Rainilaiarivony fut, avec ses conseillers et amis les prédicants anglais, le principal artisan de la ruine de la monarchie hova.

57. — *Quand fut signé le nouveau traité avec la France?*

Il le fut seulement le 8 août 1868, trois ans après celui de l'Angleterre, deux ans après celui des États-Unis. Ce traité, quel qu'il fût, pouvait encore assurer le développement des intérêts français, à la condition d'être fidèlement observé par le gouvernement hova. Malheureusement il n'en fut pas ainsi, et ce fut précisément une longue série de violations de ce traité qui amena la première guerre franco-hova de 1883-85.

58. — *Par qui Rainilaiarivony fut-il, en 1871, énergiquement rappelé à l'observation du traité?*

TOKO IX.

RANAVALONA II (1868-1883).

55. — *Iza no nandimby an-dRasoherina?*

Nony efa nadiva ho faty Rasoherina, dia nisy nanao tetidratsy hanongana an-dRainilaiarivony, fa nataony levona ireo fahavalony ireo. Ary nony efa nandry Antananarivo, dia *Ramona* rahavavin-dRasoherina no nofidiny ho mpanjaka ka natao hoe : **Ranavalona II.**

56. — *Inona be hiany no hevi-dRainilaiarivony tamin' izy nilondra fanjakana?*

Tapitr' ohatra tamin' ny fahefana Rainilaiarivony sady lalina raha mpitondra fanjakana, ka tsy maintsy ho tafasandrany tamin' ny toetra lavorary indrindra sy tamin' ny fiadanana Madagaskara, raha tahiny izy nety nifanaraka tsara taminy Frantsa; faingy Englanda sy ny fivavahany hiany no nanankinany ny fahefany sao mirodana, kanjo diso fanantenana izy. Koa ny vokatra tsy maintsy naterak' izany, na dia tsy nampoiziny aza indraindray, dia ny namingavingany sy ny nikinianiavany taminy Frantsa lalandava. Naharitra loatra Frantsa ka nandeffra ela; fa mba namaly izy tamin' ny farany, hany ka noho izany dia ny tenan-dRainilaiarivony mbamin' ireo misionary englisy sakaizany no fototry ny nahalevonan' ny fanjakan' ny Hova.

57. — *Oviana moa no raikitra ny fanaikena natao taminy Frantsa?*

Tamin' ny 8 août 1868 no vao nahavitana azy, telo taona taorian' ny an' ny Englisy, sy roa taona taorian' ny an' ny Amerikana. Tsy nanambina any Frantsa loatra izany fanaikena izany; nefa na dia izany aza, tokony ho nety hampandroso ny raharahany Frantsa teto Madagaskara raha notandreman' ny Hova. Fa tsy notandremany akory, ary ny nanimbany matetika izany fanaikena izany indrindra no fototra nahatonga ilay ady tamin' ny 1883-85.

58. — *Iza moa no nileny mafy an-dRainilaiarivony tamin' ny taona 1871 nohon' ny tsy nitandremany ny fanaikena?*

Palais de Ranavalona II.

Par le capitaine de vaisseau *Lagougine*, commandant de la division navale de la mer des Indes.

Un sujet français ayant été indignement traité par les Hovas à Fénérive, le commandant Lagougine parla si haut et si ferme qu'il obtint du premier ministre toutes les satisfactions demandées : entre autres choses, une indemnité de 20.000 francs qui lui fut immédiatement versée et que d'ailleurs il refusa noblement. Il profita de l'occasion pour rappeler au gouvernement hova toutes les clauses du traité de 1868, notamment celles concernant la liberté du culte catholique et de l'instruction qui étaient constamment violées.

Kapiteny *Lagougine*, lehiben' ny sambo mpiady frantsay ao amin' ny ranomasina Indiana.

Sendra nisy Frantsay nasian' ny Hova mafy tao Fenoarivo, ka tezitra tamin' izay Lagougine : noteneniny mafy Rainilaiarivony ka nanao izay rehetra nangatahiny, ary nasainy naterina haingana tany amin' ny kapiteny ny vola 4.000 nangatahiny ho onitra, fa naverin' ny kapiteny ary nataony ho isan' ny voaray. Nanararaotra izany koa izy mba hampahatsiahy ny fanjakana hova izay rehetra efa voalaza tamin' ilay fanaikena natao tamin' ny 1868, indrindra fa ny hanome malalaka ny fivavahana katolika sy ny fampianarana, fa nohadinoin' ny fanjakana hova matetika loatra izany.

59. — *Quel triste évènement marqua la fin de l'année 1878?*

59. — *Inona no zavatra nampalahelo tonga tamin' ny faran' ny taona 1878?*

Ce fut la mort de M. Laborde survenue le 27 décembre 1878.

Ny nahafatesany M. Laborde tamin' ny 27 décembre 1878. Na-

Palais du premier ministre.

La France perdait en lui son meilleur serviteur et le plus ferme soutien de ses droits à Madagascar. Il emportait dans la tombe l'estime et les regrets universels, même de ses ennemis. On lui fit de magnifiques obsèques. Sa dépouille mortelle repose à Mantasoa, dont les ruines grandioses attestent encore son génie.

lahelo Frantsa, fa lasa andry be fiankinana; nitomany ny andriana amam-bahoaka, fa lasa ray aman-dreny, ka tsy nisy tsy nitsetra na ny nanohitra azy fahavelony aza. Nanetriketrika ny nandevenana azy. Ao Mantasoa, izay vavolombelon' ny fahalalin-tsainy, no misy ny fasany.

60. — *Quels furent les successeurs de M. Laborde comme consuls de France à Tananarive?*

60. — *Iza moa no solon-tenany Frantsa nandimby any M. Laborde tao Antananarivo?*

Ce furent, de 1879 à l'ouverture des hostilités en 1883, M. Cassas, M. Meyer et M. Baudais. Ils firent tous leurs efforts, mais sans succès, pour amener le gouvernement hova à une politique plus sage envers la France. Une nouvelle rupture était imminente.

Telo lahy izy hatramin' ny 1879 ka hatramin' ny niandohan' ny ady : dia M. **Cassas** sy M. **Meyer** ary M. **Baudais**. Nikely aina fatratra izy telo lahy mba hisakana ny fanjakana hova tsy hanao izay hahasosotra any Frantsa, fa sasa-poana; koa dia antomotra indray ny ady.

61. — *Quelles furent les causes immédiates de la guerre?*

61. — *Inona indrindra no dia nahatonga izany ady izany?*

Ce fut d'abord une violation flagrante du droit de propriété, par laquelle le gouvernement hova revendiqua pour lui la succession de M. Laborde, à l'exclusion de ses neveux. Mais ce fut surtout l'audace de ce même gouvernement prétendant étendre sa domination sur toute la terre sakalave, même sur cette portion de la côte nord-ouest placée depuis 1840 sous le protectorat de la France. Les amis et conseillers du premier ministre, les Parrett,

Izao : notadiavin' ny fanjakana halaina ho azy ny fananany M. Laborde, ka nosakanany tsy handova azy ireo zana-drahalahiny. Tsy izany hiany, fa notadiaviny hampanaikena koa ny faritany sakalava manontolo hatramin' ilay moron-tsiraka avaratr' andrefana nananany Frantsa fahefana hatramin' ny 1840. Hevitra avy amin dry zareo Parrett sy Pickersgill ary Kestel-Kornish sakaiza sy mpanolo-tsain-dRainilaiarivony izany, ka dia ny tenan'

les Pickersgill, les Kestel-Kornish allèrent eux-mêmes sur la côte ouest pour soulever à prix d'or contre l'autorité de la France les chefs sakalaves, dont quelques-uns consentirent à arborer sur leur plage, en face de Nossi-Bé, le pavillon de la reine Ranavalona.

Bien plus, en juin 1881, un amiral anglais arrivait à Tananarive afin d'offrir ses vaisseaux à la reine pour une expédition contre les Sakalaves. Ces étranges amis de Rainilaiarivony abusaient trop de l'excessive mansuétude de la France. Cette fois la mesure était comble, et le châtiment allait commencer.

Pour gagner du temps, le premier ministre envoya une ambassade à Paris. Les ambassadeurs hovas se montrèrent intraitables : « La force seule, disaient-ils, ferait capituler les Hovas. » Rainilaiarivony, lui, appréciant mieux la situation, aurait cédé, d'autant qu'il ne pouvait compter sur le concours effectif de l'Angleterre où ses ambassadeurs n'avaient obtenu que de bonnes paroles. Mais poussé par les missionnaires anglais qui lui répétaient que la France, impuissante, ne passerait jamais de la menace aux actes, il laissa les évènements suivre leur cours; ou s'il songea à faire à la France de nouvelles propositions de conciliation, ce fut trop tard : le canon français tonnait déjà sur la côte ouest.

Camp de Ranavalona II à Mahamasina.

izy ireo hiany no lasa nanamby vola ireo tompomenakely sakalava tao amoron-tsiraka andrefana hikomy aminy Frantsa. Voafitaka ny sasany tamin' ireo tompomenakely ireo, ka nanaiky hanangana ny saindRanavalona II tao amoron-tsiraka tandrifiny Nosy-Be. Fa izao indray no loza : nisy amiraly englisy anankiray tonga tao Antananarivo tamin' ny volana juin 1881 nanolotra ny sambony rehetra tamin-dRanavalona ho enti-miady tamin' ny Sakalava. Nihanta loatra ireo sakaizan-dRainilaiarivony hafahafa ireo, satria fantany fa malemy fanahy tokoa Frantsa ka nataony tsy hibetsika; kanjo diso hevitra izy ireo. Tsy nahalefitra izany fahasahiana nihoa-pampana izany Frantsa, ka niomana hamaly.

Ta-hahazo andro hiheverana Rainilaiarivony, ka dia naniraka ambasadoro tany Paris. Fa nikiribiby ireo irany ka hoy izy : « Tsy hikoy ny Hova raha tsy ny basy aman-defona. » Fa Rainilaiarivony kosa angamba tsy ho nanao ditra tahak' izany, satria toa hitany rahateo izay hanjo, ary tsy nisy hanantenany fanampiana avy amin' ny Englisy, satria nitady vonjy tany Englanda koa ireo irany ireo, fa nody maina. Nambosin' ireo misionary englisy mandrakariva izy, fa hoy izy ireo : vava fotsiny ny any Frantsa, ka dia navelany ho tonga izay ho tonga. Nefa angamba mbola nitady hanamboatra ny raharaha hiany izy, fa tratr' aoriana loatra : efa rafitra namely tao amoron-tsiraka andrefana sahady Frantsa.

Tombeau de Laborde à Mantasoa.

<table>
<tr><td valign="top" width="50%">

CHAPITRE X.

RANAVALONA III (1883-1897). — PREMIÈRE GUERRE FRANCO-HOVA (1883-85).

62. — *Signalez les principaux événements des débuts de la guerre.*

Dès le mois de juin 1882, le commandant Le Timbre avait arraché le pavillon hova indûment planté sur la côte nord-ouest. Mais les hostilités ne commencèrent que l'année suivante, après les inutiles négociations des ambassadeurs hovas à Paris.

Le 16 mai 1883, l'amiral Pierre bombarde Majunga, et, peu après, Morotsangana. Dès que cette nouvelle est arrivée à Tananarive, le premier ministre, subissant en cela, comme en tout le reste, la pression des missionnaires anglais, expulse tous les Français résidant en Emyrne.

De Tamatave, l'amiral Pierre envoie un ultimatum à Tananarive. Sur la réponse négative du gouvernement hova, le 10 juin, il bombarde et occupe militairement Tamatave; après quoi il envoie à Tananarive un nouvel ultimatum qui reste sans réponse.

Sur ces entrefaites, le 14 juillet 1883, mourait la reine Ranavalona II. Le premier ministre la remplaça aussitôt par la jeune princesse *Razafindrahety*, qui prit le nom de **Ranavalona III**, et qui devait voir, 14 ans plus tard, la fin de la monarchie hova.

63. — *La guerre fut-elle poussée avec vigueur?*

La France, occupée alors au Tonkin, ne voulut pas faire les dépenses nécessaires d'hommes et d'argent pour agir vigoureusement à Madagascar.

A l'amiral Pierre succède l'amiral Galiber qui, tout en occupant quelques points de la côte, cherche à traiter avec les Hovas, mais sans succès. En avril 1884, il est remplacé par l'amiral Miot qui, ne disposant que d'un effectif de 500 hommes, est contraint de se borner à des opérations nullement décisives contre les postes de la côte occupés par les Hovas. Ceux-ci sont battus dans toutes les rencontres, notamment à *Andampy* où se distingue le capitaine *Pennequin* (27 août 1885). Cependant ils tiennent bon à *Farafate*, d'où on essaie, mais en vain, de les déloger (10 septembre).

Les négociations sont reprises en novembre, et enfin un traité préparé par l'amiral Miot et M. Patrimonio est signé le 17 décembre 1885.

</td><td valign="top" width="50%">

TOKO X.

RANAVALONA III (1883-1897). — NY NIADIAN' NY FRANTSAY SY NY HOVA VOALOHANY (1883-85).

62. — *Lazao izay zavatra lehibebe sasany tonga tamin' ny niantombohan' ny ady.*

Tamin' ny volana juin 1882 dia nesorin' ny kapitenin-tsambo Le Timbre ilay sain-dRanavalona natsangan' ny tompomenakely sakalava tao amoron-tsiraka avaratr' andrefana. Fa ny taona nanarakaraka vao tena rafitra ny ady, nony efa tsy nahomby intsony ireo ambasadoro nirahin-dRainilaiarivony tany Paris.

Tamin' ny 16 mai 1883 dia nasiany amiraly Pierre tafondro Mojanga, vao Morotsangana. Nony vao re tao Antananarivo izany, dia noporitin' ny Englisy indray Rainilaiarivony ka dia nandroaka ny Frantsay.

Nony tonga tao Toamasina amiraly Pierre, dia nampitondra teny farany tao Antananarivo na hanaiky ny fanjakana na tsia. Nandá ny fanjakana, ka dia nasiany amiraly Pierre tafondro Toamasina tamin' ny 10 juin ary nametrahany miaramila. Nony vita izany, dia nampitondra teny indray izy, fa tsy nisy valiny.

Tamin' izay no nahafatesan-dRanavalona II, tamin' ny 14 juillet 1883. *Razafindrahety* no nasolon-dRainilaiarivony azy, ka natao hoe : **Ranavalona III**. Nanjaka 14 taona izy, dia levona ny fanjakan' ny Hova.

Soldat hova.

63. — *Moa ve namely mafy Frantsa tamin' izay?*

Niady tany Tonkin koa Frantsa tamin' izay, ka tsy ta-hanome loatra izay ampy na vola na miaramila hoentina hahafana ny ady.

Lasa amiraly Pierre, dia tonga amiraly Galiber, ka sady naka tanána sasany tao amoron-tsiraka izy no nitady izay hifanarahan' ny mpiady roa tonta, fa aim-bery foana ny nataony. Tamin' ny volana avril 1884, dia nandimby azy amiraly Miot; fa 500 monja no miaramilany ka hany azony natao dia ny namely ny tanána sasany teo amoron-tsiraka mbola tsy nialan' ny Hova. Isaky ny nikatroka dia resy hiany ny Hova, indrindra fa tao amin' ilay ady tao *Andampy* nahakalazalahy any kapiteny *Pennequin* (27 août 1885). Nefa nanohitra mafy izy ireo tao *Farafaty*, ka tsy afaky ny Frantsay ny batery (10 septembre).

Tamin' ny volana novembre, dia niantomboka indray ny fifanarahana, ary nanamboatra fanaikena amiraly Miot mbaminy M. Patrimonio, ka tamin' ny 17 décembre 1885 no vita sonia.

</td></tr>
</table>

Général hova et otages bara.

64. — *Quelles furent les principales clauses du traité de 1885 ?*

Diego-Suarez était cédé en toute propriété à la France. Il fut stipulé que le gouvernement français représenterait Madagascar dans toutes ses relations extérieures, ce qui était une reconnaissance implicite du protectorat français. Un résident général

64. — *Inona no ventimbentin' izany fanaikena izany ?*

Izao : lasa ho zana-taniny Frantsa Diego, ary ny sisany Madagaskara dia natao ambany fiarovany Frantsa, ka raha misy raharahan' ny fanjakana malagasy amin' ny fanjakana hafa, dia Frantsa no hanao azy. Hisy Residenta frantsay anankiray omba-

Andohalo sous Ranavalona III.

français devait s'installer à Tananarive avec une escorte militaire. Enfin le gouvernement hova s'engageait à payer une indemnité de dix millions.

D'autre part, la France reconnaissait l'autorité de la reine de Madagascar sur l'île entière, et c'est ce qui permit plus tard au gouvernement hova d'entreprendre des expéditions sur la côte ouest.

miaramila mpanaraka hipetraka ao Antananarivo. 2.000.000 no haloan'ny Hova ho onitra.

Takalon' izany no nankatoavany Frantsa an-dRanavalona ho mpanjakany Madagaskara manontolo, ary izany no nahazoan' ny Hova niantafika tao amoron-tsiraka andrefana taty aoriana.

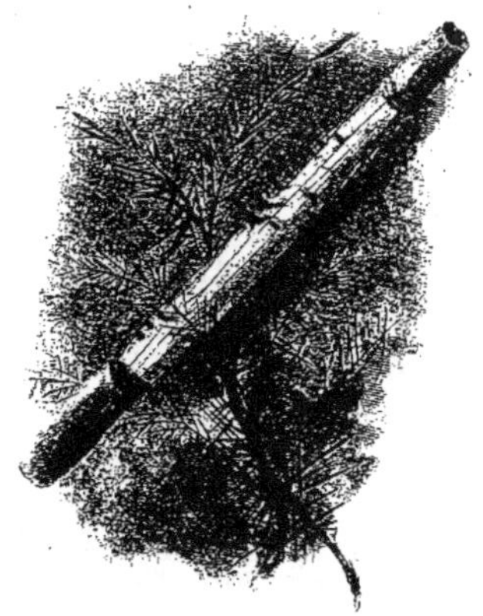

Valiha.

CHAPITRE XI.

LES RÉSIDENTS GÉNÉRAUX FRANÇAIS A MADAGASCAR (1886-1894). — SECONDE GUERRE FRANCO-HOVA (1894-1895). — MADAGASCAR COLONIE FRANÇAISE (1896).

65. — *Quels furent les résidents généraux de France à Madagascar de 1886 à 1894?*

Ce furent MM. **Le Myre de Vilers, Bompard et Larrouy.** Ils eurent la délicate mission de veiller à l'observation du dernier traité, et de tenir en échec la politique retorse de Rainilaiarivony, toujours inféodé au parti anglais. Hommes d'élite tous les trois, ils firent tout ce qu'ils purent pour entretenir des relations amicales avec le gouvernement hova, fermes toujours, conciliants quand il le fallait. M. Le Myre de Vilers surtout exerça

M. le Myre de Vilers.

un grand ascendant sur la reine et le premier ministre, et jouit auprès des Malgaches d'une popularité de bon aloi. Mais en dépit de toute la bonne volonté des représentants de la France, le gouvernement hova, vraiment incorrigible, ne tarda pas à revenir à ses anciens errements.

66. — *Comment fut observé le traité de 1885?*

Il ne le fut pas mieux que les traités précédents. Rainilaiarivony chercha dès le début à en éluder les dispositions fondamentales. Puis, sous l'inspiration de ses fidèles amis et conseillers les Anglais, il refusa catégoriquement de se soumettre aux clauses formelles du traité concernant l'*exequatur*. En 1890 recommencèrent les vexations de toute sorte contre les Français. Les protestations des résidents généraux restaient sans effet.

En octobre 1894, pour donner encore une fois la preuve de son esprit de conciliation, le gouvernement français charge M. Le Myre de Vilers de tenter un dernier appel à la raison auprès du gouvernement hova. Mais celui-ci reste inflexible, et la France doit reprendre les armes, mais bien décidée cette fois à en finir avec l'insolence hova et à la châtier, s'il le fallait, jusque dans Tananarive.

TOKO XI.

NY RESIDENTA FRANTSAY TETO MADAGASKARA (1886-1994). — ADY FAHAROA (1894-1895). — MADAGASKARA ZANA-TANINY FRANTSA (1896).

65. — *Iza avy no residenta frantsay teto Madagaskara hatramin' ny 1886 ka hatramin' ny 1894?*

Telo lahy izy : M. **Le Myre de Vilers** sy M. **Bompard** ary M. **Larrouy.** Sarotra ny raharahany, fa tokony honambenany tsara handika ny fanaikena vao natao ny fanjakana, fa sady fetsilahy moa Rainilaiarivony no fatra-pisakaiza mandrakariva amin' ny Englisy. Lalin-tsaina izy telo lahy, ka nataony izay tratry ny ainy hifanarahany tsara amin' ny fanjakana, ary tsy nahalala tahotra fa tia fihavanana izy. M. Le Myre de Vilers in-

Résidence générale de Tananarive.

drindra ange dia sady nohajain' ny andriana sy Rainilaiarivony fatratra erý no mamy hoditra amin' ny vahoaka. Fa na dia notadiavin' ireo solon-tenany Frantsa toy izany aza izay tsy hahatapaka ny fihavanana, tsy nety niova fanao ny fanjakana hova ka tsy ampy toy inona dia mbola nanao lolo mitono tena toy ny teo hiany izy.

66. — *Moa ve voatandrina tsara ny fanaikena vao natao?*

Tsia, fa sahala amin' ny teo hiany. Na dia ny zavatra lehibe efa voasoratra ao aza, dia notadiavin-dRainilaiarivony halana haingana, ary nohon' ny torohevitra nomen' ireo Englisy sakaiza sy mpanolo-tsainy ireo azy, dia nolaviny mafy izany hoe : Frantsa no tokony ho alalany Madagaskara sy ny fanjakana hafa. Tamin' ny taona 1890 dia niantomboka nanahirana ny Frantsay indray ny zana-tany. Nitaraina mafy ireo residenta, fa tsy nisy asany.

Tamin' ny volana octobre 1894, dia mbola te-hampiseho ny fitiavany fihavanana Frantsa ka naniraka any M. Le Myre de Vilers hanao fananarana farany. Fa mbola nikiry hiany ny Hova : koa heriny Frantsa niady indray ary nikasa hanao izay tsy hireharehan' ny Hova intsony amin' ny sisa, ka Antananarivo hiany no haleha, raha ilaina izany.

67. — Racontez brièvement la campagne de 1895.

67. — Tantarao kely ilay ady farany.

La seconde guerre franco-hova commence par la prise de Tamatave, le 12 décembre 1894, et par d'autres opérations maritimes sur quelques points de la côte.

L'avant-garde du corps expéditionnaire, sous les ordres du général *Metzinger*, débarque à Majunga le 1er mars 1895, bat les Hovas en plusieurs rencontres, et, le 2 mai, leur enlève *Marovoay*, à 75 kilomètres de Majunga, où ils s'étaient solidement établis.

Le 6 mai arrive le général **Duchesne**, commandant en chef, et quelques jours plus tard on reprend la marche en avant. Mais à mesure qu'on s'éloigne de Majunga, le ravitaillement devient de plus en plus difficile, et pour l'assurer il faut, au prix d'efforts héroïques, construire une route carrossable et jeter des ponts sur les cours d'eau.

Les Hovas essaient de résister, mais faiblement : ils sont délogés de toutes leurs positions. Les principaux engagements à signaler sont ceux de *Maevatanana*, de *Tsarasaotra*, du *mont Beritsoka* et du *pic d'Andriba* : ce dernier point, fortement occupé par 5.000 Hovas, est enlevé le 11 août par la brigade du général *Voyron*.

Le 14 septembre, une colonne légère, dont le convoi était exclusivement composé de mulets de bât, quitte Andriba, pousse les Hovas devant elle, les déloge de *Tsinainondry*, de leurs formidables positions des monts *Ambohimena*, des hauteurs d'*Ambohipiara*, et, le 29, enlève les abords du village d'*Ilafy*, à 8 kilomètres à vol d'oiseau du palais de la reine.

Enfin, le 30 septembre, les Hovas sont attaqués dans leurs derniers retranchements : à *Andraisoro*, à *Andrainarivo*, et à l'observatoire d'*Ambohidempona*. Puis les dispositions sont prises pour l'assaut et le bombardement de Tananarive. Déjà quelques obus à la mélinite ont été tirés sur les batteries hovas établies sur la terrasse du palais, et les colonnes d'assaut vont s'élancer : à ce moment un pavillon blanc est hissé sur le palais. Tananarive se rendait; c'était la fin de la guerre.

Le lendemain, 1er octobre, à huit heures du matin, le général Duchesne faisait son entrée solennelle dans la capitale, et le

Ny voalohany nataon' ny Frantsay tamin' izany ady izany, dia ny naka any Toamasina tamin' ny 12 décembre 1894 sy ny namely tao amoron-tsiraka.

Tamin' ny 1 mars 1895, dia nitody tao Mojanga ny loha-lálan' ny tafika nentiny général *Metzinger* ka nikatroka : dia resy ny Hova; ka tamin' ny 2 mai dia afaka *Marovoay*, na dia mafy aza ny manda tao.

Tamin' ny 6 mai dia tonga général **Duchesne** komandin' ny tafika, ka andro vitsivitsy taorian' izany narosony ny dia. Fa nony efa lavitra any Mojanga ny tafika, dia tonga sarotra ny nitatitra hanina sy izay rehetra ilaina, ka heriny nanao lálana azo alehan-kalesy sy tetezana : asa mafy izany, fa tsy misy tsy laitry ny zoto.

Nitady hisakana hiany ny Hova, fa tsy nafana loatra : afaky ny Frantsay daholo izay rehetra nitoerany. Ny nikatrohana mafy indrindra dia tao *Maevatanana*, tao *Tsarasaotra*, tao *Beritsoka* sy tao *Andriba*. Afaky ny antokomiaramilany général *Voyron* Andriba tamin' ny 21 août, na dia nisy 5.000 aza ny Hova nilasy tao.

Tamin' ny 14 septembre, dia niala tao Andriba ny andia-miaramila anankiray maivan' entana : navelany ny kalesy, fa ny ramole hiany no nentiny. Dia natosiny ny Hova ka tsy nahafikitra tao *Tsinainondry*, na tamin' ireo tserana tsy azo anihina nipetrahany teo an-kavoanan' *Ambohimena*, na teo an-tendrombohitr' *Ambohipiara*, ary tamin' ny 29 dia tongany ny ila-tanin' *Ilafy*, 8 kilometra hatreo anaty rova raha alaina hitsiny.

Tamin' ny 30 septembre, dia nasiana tao amin' ny farany niarovany tena ny Hova : tao *Andraisoro*, tao *Andrainarivo*, ary tao *Ambohidempona*. Nony vita izany dia natao ny fiomanana hananihana sy hamelezana tafondro an' Antananarivo, ka nasiana bomba misy vanja *mélinite* ny Hova tao an-tokotanin-drova. Fa raha ilay handeha hananika iny ny miaramila, dia indro nitsangana teo an-tampon-drova ny saina fotsy. Niaiky Antananarivo, ka tapitra ny ady.

Ny ampitson' io, 1 octobre, tamin' ny valo maraina, dia niakatra tao an-tanána général Duchesne, ary ny harivan' io hiany

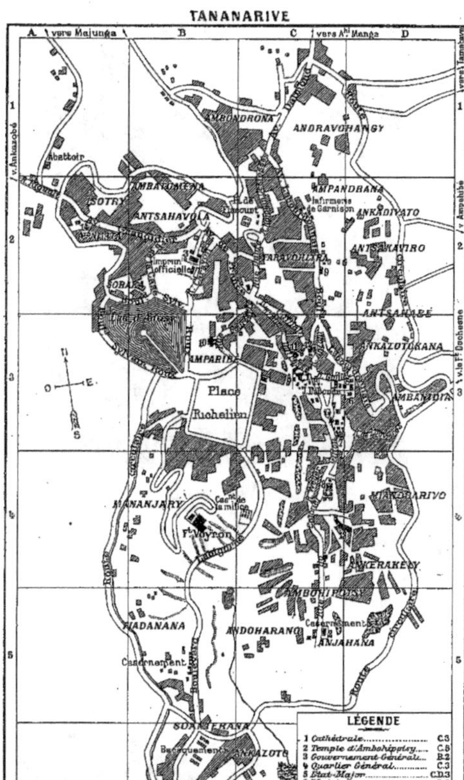

LÉGENDE

1	Cathédrale	C.3
2	Temple d'Ambohipotsy	C.5
3	Gouvernement Général	B.2
4	Quartier Général	C.3
5	État-Major	C.D.3
6	Mairie	D.3
7	Palais du 1er Ministre	C.3
8	Manjakamiadana	C.4
9	Tribunal	C.2
10	Collège des Pères	B.3
11	École des Frères	C.3
12	— des Sœurs	C.3
13	Hôpital Malgache	C.D.4
14	Tombeau du 1er Ministre	A.2

traité de paix était signé dans l'après-midi et ratifié le jour même par la reine.

68. — N'y eut-il pas, peu de temps après, reprise des opérations militaires?

Dès le 22 novembre suivant, un mouvement insurrectionnel se produit au sud-ouest, dans la province d'Arivonimamo, et un autre presque en même temps sur la côte est. Un peu plus tard, à partir de mars 1896, l'insurrection éclate et s'étend presque de tous côtés. Il faut alors reprendre les armes et pourchasser partout les rebelles. Mais sous la faible administration de M. *Laroche*, arrivé à Tananarive en janvier 1896 comme résident général, la répression n'est pas poussée avec assez de vigueur.

Au mois de septembre, M. Laroche est remplacé par le général **Gallieni**. La situation est des plus critiques; mais le nouveau résident général sait prendre les mesures énergiques qui s'imposent pour rétablir l'ordre. De très hauts personnages, convaincus de complicité avec les rebelles, sont condamnés à mort et exécutés; d'autres sont exilés; l'hégémonie hova est supprimée; et sur tous les points à la fois des opérations méthodiques sont entreprises pour reconquérir le pays sur l'insurrection. Cette politique aussi ferme qu'habile produit les meilleurs résultats, et le calme ne tarde pas à être partout rétabli, au grand profit des populations.

Le général Gallieni.

dia vita sonia sy nankatoavin' ny andriana ny fanaikem-pihavanana.

68. — Moa tsy nisy ady indray ve taoriana kelin' izany?

Tamin' ny 22 novembre nanarakaraka, dia nisy fikomiana tao atsimo-andrefana tao amin' ny fari-tanin' Arivonimamo, ary saiky niaraka tamin' io dia nisy anankiray koa tao amoron-tsiraka atsinanana. Taty aoriana kelin' izany, hatramin' ny volana mars 1896, dia saika nitatra hatraiza hatraiza ny fikomiana : koa herin' ny Frantsay dia niady indray sy nikatsaka ny mpikomy. M. *Laroche* no residenta tamin' izay, fa efa tonga tao Antananarivo tamin' ny volana janvier 1896 izy : rainazy loatra izy, ka nanaram-po ireo mpikomy ireo.

Tamin' ny volana septembre, dia nesorina M. Laroche ka général **Gallieni** no nasolo azy. Saika loza no nanjo; fa hafa noho ilay voalohany io nanarakaraka azy, ka namely mafy tokoa izy hampandriany ny tany ama-monina. Nisy olona ambony toetra tratra am-body omby niray tetika tamin' ny mpikomy ka dia nohelohina ho faty ary notifirina; nisy koa hafa nasesitany; nesorina tamin' ny fitondrana raharaha tamin' anindrantany ny Hova, ary hatraiza hatraiza nikely aina fatratra ny miaramila mbamin' ny lehibeny nanao izay hampijanona ny fikomiana. Be ny soa vitan' izany fifehezany général Gallieni izany, ka tsikelikely dia nandry ny tany sy ny fanjakana.

69. — Comment a fini la monarchie hova?

Madagascar ayant été déclaré colonie française le 6 août 1896, la royauté hova n'avait plus sa raison d'être. De plus, il importait d'affirmer solennellement la volonté bien arrêtée de la France d'être l'unique maîtresse du pays, et surtout d'enlever aux réfractaires tout espoir de revenir à l'ancien régime. En conséquence, le 28 février 1897, le général Gallieni rendait un arrêté abolissant la royauté en Émyrne, et le jour même la reine Ranavalona III était destituée et exilée à la Réunion. De là, elle a été récemment dirigée sur Alger. Le gouvernement français la traite d'ailleurs avec tous les égards dus à son rang et lui assure une large pension.

Tananarive. — Quartier général.

69. — Nanao ahoana no niafaran' ny fanjakana hova?

Tamin' ny 6 août 1896 dia nolazainy Frantsa mazava fa zanataniny Madagaskara : koa dia toa tsy ilaina hisy mpanjaka loatra intsony eto. Izao koa : te-handidy tokana eto Frantsa, ka tsy maintsy ho fantatry ny olona rehetra izany, indrindra fa ny mpikomy izay nihevitra mandrakariva an-dRanavalona sy nitodi-doha ny lasa. Nony efa voadinika tsara izany, dia namoaka didy général Gallieni tamin' ny 28 février 1897 nilaza fa tsy hisy mpanjaka intsony ao Imerina, ary androtr' io hiany dia naongana Ranavalona III ka nasesi-tany any Bourbon. Nefa tsy ao intsony izy izao, fa naterina vao haingana tany Alger. Fatratra ny fanajan' ny fanjakana frantsay azy sady vola be no omeny azy hivelomany.

Quant à Rainilaiarivony, il avait quitté Tananarive le 6 février 1896 pour aller résider à Alger, où il est mort le 17 juillet suivant.

Fa ny amin-dRainilaiarivony kosa, dia tamin' ny 6 février 1896 izy no niala tao Antananarivo ho any Alger, ka dia maty tao izy tamin' ny 18 juillet nanarakaraka.

70. — Appréciez brièvement le regime actuel à Madagascar.

Les Malgaches n'ont pas à se plaindre et, dans l'ensemble, ne se plaignent pas d'être passés sous la domination de la France. S'il est naturel qu'ils regrettent parfois leur indépendance perdue, ils ne sauraient oublier combien l'ancien régime pesait lourdement sur eux. D'autre part, ils sont eux-mêmes témoins de tous les progrès réalisés depuis l'occupation française, et ils peuvent se dire que la France a plus fait pour eux pendant trois

70. — Lazao fohifohy ny toe-panjakana ankehitriny eto Madagaskara.

Ny Malagasy dia tokony ho faly, ary faly tokoa ny ankapobeny amin' ny nahatongavany ho feheziny Frantsa. Na dia mety halahelo ny fahaleovan-tenany very aza izy indraindray, dia tsy hety hadinony fa navesatra mafy taminy ny fitondram-panjakana fahizay. Tsy izany hiany, fa hitan' ny mason' izy ireo ny fandrosoana azony, hatrizay nahatongavan' ny Frantsay, ary azony heverina fa ny telo na efa-taona nifchezany Frantsa teto dia nahitany

Andohalo aujourd'hui (Place J. Laborde).

ou quatre ans que la monarchie hova pendant trois siècles.

On ne saurait se dissimuler cependant qu'il reste encore beaucoup à faire pour améliorer le sort des populations, et surtout pour relever chez elles le niveau religieux et moral. Toutes les initiatives officielles et privées devraient converger vers ce but, car il ne faut pas oublier que le progrès matériel n'est pas tout et que la vraie religion est le principal facteur de la civilisation des peuples.

soa mihoatra lavitra nohon' ny telonjato taona mahery nanjakanny andriana fahiny.

Tsy azo odiana tsy hita anefa ny habetsahan' ny asa mbola tokony hatao hanasoavana kokoa ny vahoaka, indrindra ny hampitiavana azy ny fanao rehetra mahasoa momba ny fivavahana sy ny toe-piainana mety. Na ny fanjakana na isam-batan' olona dia samy tokony hikendry izany, satria tsy azo hadinoina ny hoe : tsy ampy ny fandrosoana momba ny nofo, ary ny fivavahana marina no fototra lehibe maha-tena hendry ny firenena.

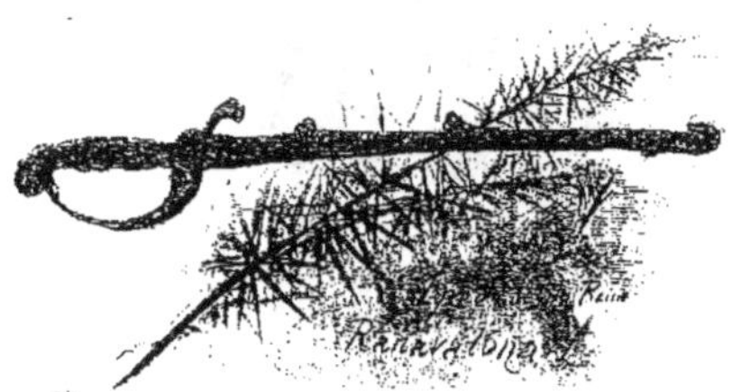

TABLE DES MATIÈRES

FIZAHAN-TAKELAKA

R. P. THOMAS, S.J.

GÉOGRAPHIE

DE

MADAGASCAR

CH. POUSSIELGUE, ÉDITEUR
15, RUE CASSETTE, PARIS
1901

GÉOGRAPHIE

TABLE DES ILLUSTRATIONS

CARTES

GRAVURES

* Les gravures marquées d'un astérisque sont extraites de *Madagascar et la mission catholique*, des RR. PP. Colin et Suau.

GÉOGRAPHIE DE MADAGASCAR

<table>
<tr><td>

CHAPITRE PREMIER.

SITUATION, GRANDEUR DE MADAGASCAR.

1. **Situation.** — Madagascar est une île de l'océan Indien, située au sud de l'Équateur et à 100 lieues environ de l'Afrique, dont elle est séparée par le canal de Mozambique (1).

2. — Elle est voisine : à l'est, des îles de la Réunion et de Maurice ; — à l'ouest, des îles Comores, de Zanzibar, de la colonie

</td><td>

TOKO I.

NY FITOERANY MADAGASKARA SY NY HABENY.

1. **Ny fitoerany.** — Madagaskara dia nosy ao amin' ny ranomasina Indiana, any atsimon' ny ekoatera. Tokony ho 400 kilometra ny halavirany aminy Afrika, ary ny andilan-dranomasina Masombika no elanelany (1).

2. — Ny tany manakaiky azy dia izao : ao atsinanana, ny nosy la Réunion sy Morosy ; — ao andrefana, ny nosy Comores, ny

</td></tr>
</table>

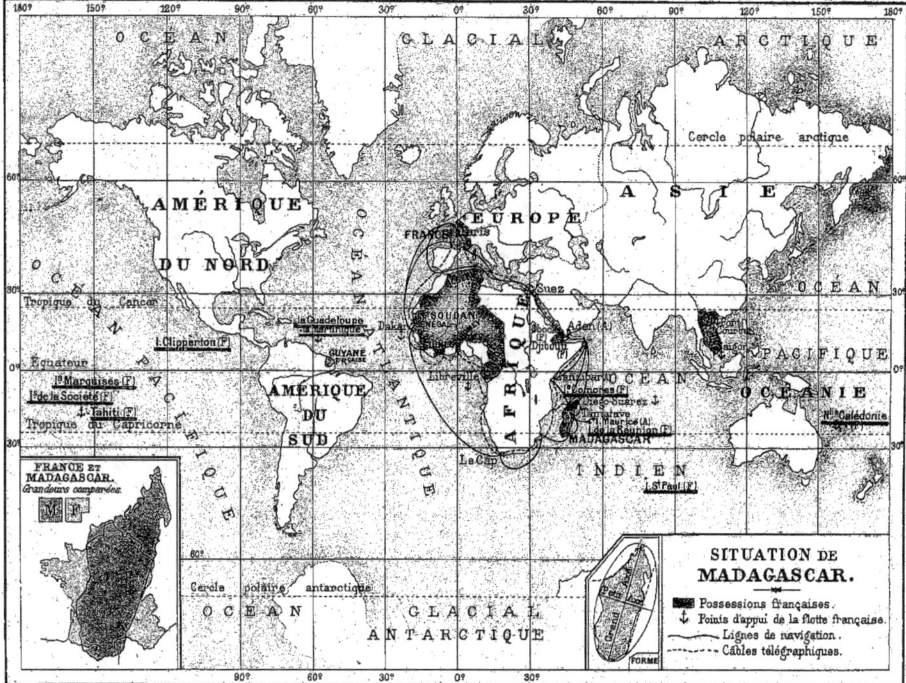

<table>
<tr><td>

portugaise de Mozambique, du Transvaal et de la colonie anglaise du Cap.

3. — Elle se trouve à près de 9.000 kilomètres de la France, distance qu'on franchit en une vingtaine de jours de navigation.

4. **Grandeur.** — Dans sa plus grande longueur, du cap d'Ambre au cap Sainte-Marie, Madagascar mesure 1.590 kilomètres ;

</td><td>

nosy Zanzibar, ny tany Masombika zana-taniny Portugal, ny Transvaal ary ny Cap zana-tany englisy.

3. — Ny halavirany aminy Frantsa dia tokony ho kilometra 9.000, ka làlana roa tokom-bolana raha aleha an-tsambo.

4. **Ny habeny.** — Ny halavany Madagaskara hatrany amin' ny tanjony Ambre ka hatrany amin' ny tanjony Sainte-Marie, dia

</td></tr>
</table>

<table>
<tr><td>

(1) Madagascar est compris entre le 11° 57′ 17″ et le 25° 38′ 55″ de latitude sud et entre le 42° 52′ 20″ et le 48° 7′ 54″ de longitude est. Tananarive est situé par 18° 55′ 2″ de latitude sud et 45° 11′ 30″ de longitude est. Au moment où midi sonne à Paris, il est donc 3 heures 46 secondes du soir à la capitale de Madagascar.

</td><td>

(1) Madagaskara dia ao anelanelan' ny 11° 57′ 17″ sy ny 25° 38′ 55″ amin' ny latitude atsimo sy anelanelan' ny 42° 52′ 20″ sy ny 48° 7′ 54″ amin' ny longitude atsinanana. Ary Antananarivo dia ao amin' ny 18° 55′ 2″ amin' ny latitude atsimo sy ny 45° 11′ 50″ amin' ny longitude atsinana. Koa amin' izany raha amin' ny 12 any Paris dia amin' ny 3 sy 46 sekondra hariva any Antananarivo.

</td></tr>
</table>

et, dans sa plus grande largeur, du cap Saint-André au cap Belao, 570.

5. — Madagascar est la troisième île du monde par sa grandeur. Elle a une superficie d'environ 592.000 kilomètres carrés, égalant ainsi en étendue la France, la Belgique et la Hollande réunies.

Questionnaire. — 1. Qu'est-ce que Madagascar? — 2. Quels sont les pays voisins de Madagascar? — 3. A quelle distance de la France se trouve Madagascar? — 4. Quelles sont les dimensions de Madagascar? — 5. Quelle est la superficie de Madagascar?

LECTURES.

1° L'exploration de Madagascar. — Si la grande île africaine semble avoir été connue et visitée dès les temps les plus reculés par les peuples commerçants établis sur les rivages de l'océan Indien (Arabes de la côte d'Afrique, Égyptiens (1), Arabes d'Asie, Indiens, Malais) et même par les Chinois éloignés de plus de 2.000 lieues, elle n'a commencé à être connue de l'Europe qu'au début du xvie siècle.

Trois ans après que Vasco de Gama avait franchi pour la première fois le cap de Bonne-Espérance (1497), les Portugais aperçurent Madagascar. Ils y abordèrent et en étudièrent les côtes cinq ans plus tard (1505) et y fondèrent des comptoirs sur plusieurs points, notamment sur les bords du Sambirano (2) en face de Nossi-Bé, et sur un îlot qui porte encore leur nom en face de Fort-Dauphin.

Les Portugais s'étant retirés, la France prit leur place au siècle suivant et s'établit à Fort-Dauphin, puis sur un grand nombre de points de la côte. A la fin du xviiie siècle, le littoral était parfaitement connu et dans la carte de D'Après de Mannevillette (1776) les contours de l'île étaient à peu près définitivement arrêtés.

Cependant jusqu'au milieu du xixe siècle, on n'avait de l'intérieur de Madagascar qu'une connaissance vague, établie sur les appréciations sommaires de quelques rares explorateurs. Mais à partir de 1862 les voyages se multiplient : pendant un quart de siècle le P. Roblet travaille sans relâche à la carte de l'Imerina et du Betsileo; A. Grandidier écrit sa splendide monographie intitulée : *Histoire physique, naturelle et politique de Madagascar*; le P. Colin fonde un observatoire; Gautier, d'Anthouard, Besson, Catat, Douliot, Kestel-Kornish, Mion, Fouchot, etc., recueillent des renseignements précieux sur des pays jusqu'alors inexplorés, tandis que Guillain sur la côte ouest et le P. Callet dans l'Imerina rassemblent tous les lambeaux du passé que conserve encore la tradition.

Malgré tous ces efforts, Madagascar était loin d'avoir livré tous ses secrets, quand la France y assit définitivement sa domination (30 septembre 1895). Depuis lors, sous l'active impulsion du général Galliéni, des brigades géodésiques ont sillonné l'île en tous sens; le cours des fleuves a été relevé; les monographies de toutes les provinces, rédigées par les hommes les plus à même de les connaître à fond, ont paru dans les Annuaires, les *Notes, reconnaissances et explorations*, ou le *Journal officiel* de la colonie. Utilisant les travaux de M. A. Grandidier et des RR. PP. Roblet et Colin, les cartes antérieures du service géographique de l'armée et de Hansen, etc., ainsi que les nombreux itinéraires et cartes partielles dûs aux officiers du corps d'occupation, l'état-major de Tananarive a pu déjà publier :

(1) On a récemment trouvé à Madagascar des monnaies égyptiennes remontant à la 13° dynastie, c'est-à-dire au plus tard à l'an 1000 avant J.-C.

(2) Sur les bords du Sambirano on voyait naguère encore les ruines d'une église attestant le passage des compagnons de saint François-Xavier. D'ailleurs le plus ancien mémoire écrit sur Madagascar est dû à un missionnaire jésuite portugais.

1.590 kilometra; ary ny sakany hatrany amin' ny tanjony Saint-André ka hatrany amin' ny tanjony Belao, dia 570 kilometra.

5. — Madagaskara no nosy fahatelo amin' izao tontolo izao amin' ny halehibeny; tokony ho 592.000 kilometra sokera ny habeny, sahala aminy Frantsa sy Belgique ary Holanda mitambatra.

Fanontaniana. — 1. Inona moa Madagaskara? — 2. Lazalazao avy ny tany manakaiky any Madagaskara. — 3. Hoatrinona no halavirany Madagaskara aminy Frantsa? — 4. Hoatrinona ny lavany Madagaskara sy ny sakany? — 5. Hoatrinona ny habeny Madagaskara?

HOVAKINA.

1° Ny fizahan-tany teto Madagaskara. — Toa efa nahalala any Madagaskara sy nitody tao, hatry ny ela be, ireny firenena tia varotra monina ao amoron' ny ranomasina Indiana ireny, toy ny Arabo avy tany an-tsisin-taniny Afrika, ny Ejipsiana (1), ny Arabo tany Asia, ny Indiana, ny Malais, ary na dia ny Sinoa izay lavitra dia lavitra azy aza. Nefa vao tamin' ny niandohan' ny siekla faha-16 no nahalalan' ny vazaha any Eoropa azy.

Telo taona taorian' ny nihoarany Vasco de Gama ny tanjony Bonne-Espérance no nahatazanan' ny Portugais any Madagaskara. Dimy taona taorian' izany dia nitody tao izy sy nizahazaha ny toetry ny moron-tsiraka, ka tao no nanorenany trano fivarotana maro, toy ny tany amorony Sambirano (2) tandrifiny Nosy-Be, sy tany amin' ilay nosy kely mbola atao hoe nosin' ny Portugais tandrifiny Faradofay.

Tokony ho zato taona taorian' izany dia lasa ny Portugais. Ny Frantsay no nisolo azy, dia niorimponenana tao Paradofay sy tao amin' ny moron-tsiraka. Tamin' ny faramparan' ny siekla faha-18 dia efa fantatra mihitsy ny moron-dranomasina, ary tao amin' ilay sarintany nataony D'Après de Mannevillette tamin' izay (1776) dia efa vita tsara ny sisin-tany ka saika tsy niova hatramin' izao.

Nefa 50 taona lasa izay, ambangovangony hiany no nahalalana ny tao afovoan-tany, fa sady vitsy ny efa nizaha no kely ny voalazany. Fa hatramin' ny taona 1862 tonga nihamaro ny nitety ny nosy, toa any Mompera Roblet, izay nilofo fatratra nandritra ny 25 taona nanao ny sarin-tanin' Imerina sy Betsileo, ary A. Grandidier izay nanoratra ilay bokiny malaza atao hoe : *Histoire physique, naturelle et politique de Madagascar.* Tsy izany hiany, fa ao Mompera Colin nanorina observatoire; ao Gautier, d'Anthouard, Besson, Catat, Douliot, Kestell-Kornish, Mion, Fouchot, etc. nanangona zavatra maro nampahafantatra ny toetry ny faritany sasany mbola tsy naleha akory hatramin'izay; ao Guillain tany andrefana any, ary Mompera Callet tao Imerina, namory izay hany tantara mbola voatahirin' ny lovan-tsofina.

Na dia be aza izan y fikelezan' aina natao, dia mbola be ny zavatra tsy fantatra velively tamin' ny nahatongavan' ny Frantsay ho tena tompony Madagaskara (30 septembre 1895). Fa hatramin' ny nahatongavan' ny général Galliéni teto, dia nisy andia-mpandrefy tany maro namakivaky ny nosy na an-tsakany na an-davany; efa vita sary ny alehan' ny renirano; efa voadiniky ny elona mahatoky indrindra ny toetry ny isam-pari-tany, ka navoaka tao amin' ny Annuaires sy tao amin' ny *Notes, reconnaissances et explorations*, ary tao amin' ny *Journal officiel* ny filazana azy. Nohon' ny fanampiana hitany tamin' ny asa nataony M. A. Grandidier, sy R. P. Roblet ary R. P. Colin, ary tamin' ny sarin-tany taloha nataon' ny mpanao raharaban' ny fanjakana frantsay momba ny jeografy, sy ny nataony Hansen, etc., ary tamin' ny fanoroan-dálana sy ny sarim-pari-tany maro nataon' ny Manamboninahitry ny miaramila frantsay, ny etat-major dia nahazo namoaka sahady :

(1) Misy vola ejipsiana tokony ho tamin' ny andron' ny taranak'andriana faha-13, dia tokony ho tsy latsaka ny 1000 taona alohany J.-K., hita taty vao haingana.

(2) Tsy elaela loatra dia mbola nisy sisan' ny trano leglizy rava hita tao amorony Sambirano, vavolombelon' ny nandalovan' ny namany Md. François-Xavier tao. Mompera jesoita portugais anankiray koa no nanoratra ny filazana tranainy indrindra momba any Madagaskara.

Le R. P. Roblet.

1°) Trois cartes générales de l'île aux échelles respectives de 1/2.500.000°; 11.000.000°; 1/500.000°.

2°) Une carte coloriée de la région centrale, avec courbes de niveau. Elle comprend 32 feuilles; l'échelle est de 1/100.000°.

A un point de vue plus pratique, ajoutons que des « lots de colonisation » ont été soigneusement délimités dans toutes les provinces, dans le but de mettre immédiatement à la disposition des colons qui voudraient s'établir à Madagascar des terres dont la valeur est connue, et qu'on a choisies de manière à faciliter l'écoulement de leurs produits. Les ressources minières et forestières ont également fait l'objet d'études détaillées. Enfin, le gouvernement, dans ses *jardins d'essais*, se livre à des recherches méthodiques qu'il est seul en état de faire, et dont tous, colons et indigènes, ne peuvent manquer de retirer le plus grand profit.

1°) Sarin-tany telo ho an' ny Nosy manontolo, ka arak' izao avy no haben' izy ireo : 1/2.500.000; 1/1.000.000°; 1/500.000°.

2°) Sarin' ny fari-tany afovoany. Araka ny 1/100.000° no habeny, ary 32 no isan' ny takela-taratasiny voahoso-doko, sy misy fampisehoana ny havoana sy ny tany lemaka.

Tsy izany hiany, fa tamin' ny isam-pari-tany dia efa voafidy tsara ny tany lonaka, ka ny anton' izany dia mba hahazoana manome ny vazaha te-honina eto Madagaskara izay tany efa fantatra fa ho vokatra tsara, ka ho mora amidy ny vokany. Efa voadinidinika tsara ny tany misy metaly sy ny ala. Farany, ao koa ny *tanimboly fanandramana* ampanaovan' ny fanjakana fandinjihana maro toa tsy azon' ny olon-kafa atao loatra, nefa tsy maintsy hahasoa ny mponina rehetra, na vazaha na zana-tany.

Baie de Diego-Suarez, port de la Nièvre.

2° Importance que Madagascar doit à sa situation. — A cause du petit nombre de ses habitants, Madagascar n'offrira jamais sans doute un débouché bien considérable aux produits de la France; mais l'île réunit par contre tous les avantages que l'on peut souhaiter pour une colonie de peuplement. En effet, bien que situé en grande partie dans la zone tropicale, Madagascar doit à ses hauts plateaux intérieurs, aux vapeurs attiédissantes de l'Océan qui l'environne, à l'alizé qui rafraîchit son atmosphère, un climat tempéré sous lequel l'Européen peut parfaitement vivre et fonder une famille, s'enrichissant à l'intérieur par l'élevage ou l'exploitation des mines et des forêts, et sur les côtes par la culture de toutes les plantes tropicales.

Au point de vue stratégique, l'importance de Madagascar n'est pas

2° Ny mahatsara any Madagaskara raha ny fitoerany no heverina. — Noho ny havitsian' ny mponina eto Madagaskara, dia hita mazava fa tsy ho azony Frantsa atao ny manondrana entana be loatra hamidy aty; nefa izay zavatra rehetra ilaina mba hamponenana vazaha betsaka ao dia misy avokoa. Satria na dia saiky ao amin' ny zone tropicale aza Madagaskara manontolo, dia tsy manafa loatra izy noho ny havavony ao afovoany, sy ny fofon-drano mangatsiatsiaka avy amin' ny ranomasina manodidina azy, ary noho ny rivotra avy any atsinanana. Koa noho izany dia azon' ny vazaha atao tsara ny mitoetra sy ny manorim-pianakaviana ao ka hahazo harena tokoa izy, fa ny ao afovoan' ny tany moa dia biompy na hihady metaly na hikapa hazo ao an' ala, ary ny any amoron-tsiraka kosa dia hamboly ny zavatra rehetra maniry amin' ny tany mafana.

Raha ny momba ny ady indray no heverina, mbola tsara tokoa Ma-

moins considérable. Diego-Suarez, déclaré point d'appui de la flotte française, forme le trait d'union nécessaire entre Dakar, Libreville, sur la côte occidentale d'Afrique, et Saïgon, Port-Courbet dans l'Indo-Chine; et en même temps que cette position imprenable peut efficacement protéger le commerce de la France, elle permet, en temps de guerre, de couper les grandes routes commerciales de l'Angleterre vers l'Inde, Hong-Kong et l'Australie. C'est ce qui explique l'acharnement des Anglais pendant tout un siècle à supplanter la France à Madagascar. On sait à quoi ont abouti leurs menées.

dagaskara, fa ao Diego-Suarez, izay vao natao ho fiankinan' ny sambo mpiady frantsay, mampikambana any Dakar sy Libreville, any amorontsiraka andrefany Afrika, aminy Saïgon sy Port-Courbet, any Indo-Chine. Fanampin' izany, sady maharo tsara ny varotra ataony io fitoerana tsy azo anihina io no mahazo misakana koa ny varotra ataon' ny Englisy any India sy Hong-Kong ary Australie, raha sendra misy ady; ka izany mantsy no nilofosan' ny Englisy fatratra nandritra ny zato taona maninjitra hanafoana ny fahefany Frantsa taty Madagaskara. Fantatra hiany ny niafaran' izany ankasomparany izany.

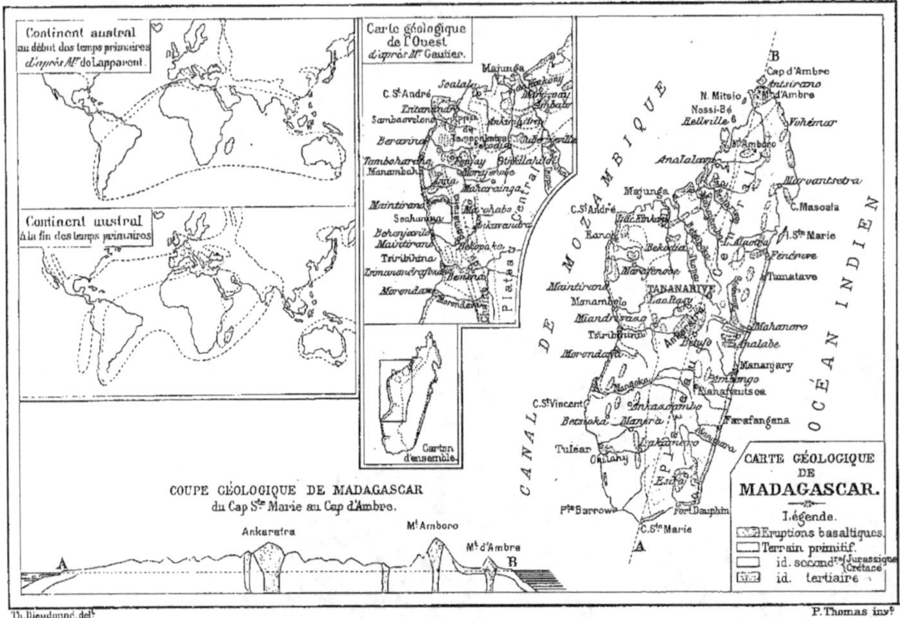

3° **Paléogéographie de Madagascar.** — La moitié environ de Madagascar est constituée par un noyau archéen formé de gneiss et de micaschistes, s'étendant des environs de Port Loky au nord, jusqu'au cap Andavaka au sud-ouest de Fort-Dauphin, et allant à l'est jusqu'à l'Océan, sur les bords duquel il est couvert par places d'une étroite bande de tertiaire, tandis qu'il s'avance à l'ouest jusqu'au delà du 44° de longitude pour disparaître ensuite sous une large et puissante couche de formations secondaires.

Les nombreuses veines ou bosses de granit qui s'y montrent à jour un peu partout témoignent d'une érosion longue et profonde, et conduisent à admettre que cette partie de l'île est restée émergée dès les temps archaïques, fait que confirme du reste l'absence de tout dépôt marin dans cette partie de l'île.

S'il est difficile de préciser l'époque où a commencé le morcellement de l'immense continent austral qui, au début des temps primaires, englobait Madagascar et reliait l'Amérique du sud à l'Afrique, à l'Arabie, à l'Inde et à l'Australie, il semble démontré qu'au moins au début des temps secondaires il existait déjà une fosse entre Madagascar et l'Afrique, et que la moitié occidentale de l'île se trouvait enfoncée sous la mer dont les vagues venaient battre toute la longue falaise du plateau central.

Tandis que le sud était encore relié au continent africo-américain, et le nord à l'Inde; à l'ouest, un immense socle sous-marin se terminant par un brusque dénivellement de 3.000 mètres après être resté sensiblement horizontal jusqu'à 5 et 600 kilomètres du Bongo-lava, recevait des dépôts triasiques, jurassiques et crétacés.

Ces dépôts émergèrent peu à peu, en sorte qu'à la fin des temps secondaires, l'ouest de Madagascar avait acquis déjà (sauf un étroit ruban de tertiaire qui est venu s'y ajouter ensuite) la forme et les contours que l'île possède aujourd'hui.

Mais à l'époque où finissait le soulèvement des formations secondaires de la côte occidentale, au nord-est, à l'est et au sud, des effondrements se produisirent brisant d'anciennes communications qu'attestent encore actuellement des ressemblances nombreuses et singulièrement surprenantes entre la faune et la flore de Madagascar et celles de ces lointaines contrées auxquelles la nouvelle île avait été si longtemps reliée. Cet effondrement amena la formation d'immenses failles et de plissements plus ou moins considérables, tous orientés suivant la longueur de l'île, en même temps que la création de bassins hydrographiques ayant la même direction, et dont quelques-uns devinrent lacustres, coupés transversalement par un des innombrables épanchements basaltiques auxquels leur formation donna lieu.

CHAPITRE II.

OROGRAPHIE DE MADAGASCAR.

6. — Madagascar est un *pays très montagneux*; car, si l'on excepte la longue plaine sakalave, accidentée d'ailleurs par les chaînes du *Bongo-Lava* et du *Bemaraha*, toute l'île ressemble à une mer houleuse dont les vagues gigantesques se seraient soudain figées au moment le plus tourmenté de la tempête.

TOKO II.

NY TENDROMBOHITRY MADAGASKARA.

6. — Tany be *tendrombohitra* tokoa Madagaskara, satria afasyt ilay tany Iemaka lava any amin' ny Sakalava izay miavomiva koa anefa azony *Bongo-Lava* sy *Bemaraha*, ny sisan' ny nosy rehetra dia hoatra ny ranomasina manonja, ka raha ilay misamboaravoara iny no nandry niaraka tamin' izay ny alon-dranony.

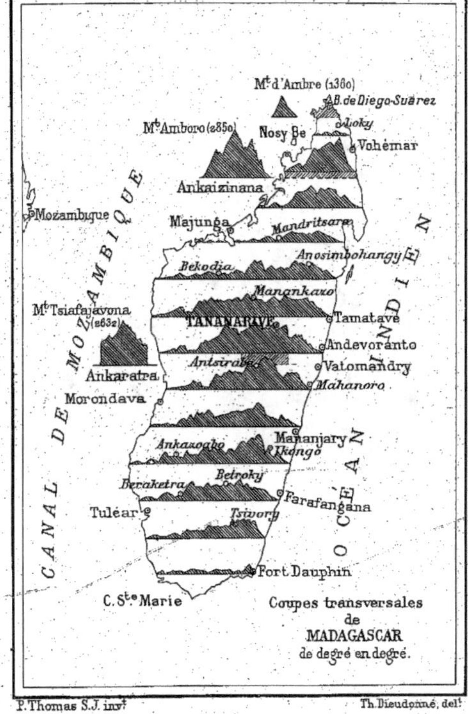

7. **Plateau central.** — Les montagnes forment un immense plateau qui occupe tout le centre de l'île et porte pour ce motif le nom de *plateau central*. Ce plateau, très massif en son milieu, plus déchiqueté vers ses extrémités, va en s'abaissant insensiblement de la falaise orientale de l'*Angavo* à la falaise du *Bongo-Lava* (1), qui domine de 500 à 1000 mètres la plaine sakalave.

7. **Ny havoana marin-tampona ao afovoan' ny nosy.** — Ny tendrombohitra ao afovoan' ny nosy mitambatra ho havoana iray marin-tampona, ao afovoan' ny nosy, ka izany no anaovana azy hoe *plateau central*. Io havoana io dia matevim-be ao afovoany, fa be banga kosa eny an-tsisiny; mihena miandàlana izy hatramin' ny ilan' *Angavo* atsinanana ka hatrany *Bongo-Lava* (1) izay manerina ny tany lemaka sakalava 500 na 1000 metatra aza.

(1) Ne pas confondre cette longue falaise qui forme la limite orientale du Bet-

(1) Samihafa ilay ilany Bongo-Lava mamaritra any Betsiriry sy Marolaka amin

8. — Sur ce plateau : — 1° Il y a un très grand nombre de petites montagnes dirigées dans tous les sens : elles encaissent des vallées généralement étroites et peu profondes, souvent marécageuses et tourbeuses; leurs flancs arrondis sont couverts d'une herbe chétive complètement desséchée en hiver. Çà et là quelques chaines ou quelques pics élevés dominent ce chaos de collines, comme : le *Famoizankova*, le *Vontovorona*, l'*Iankiana*, le *Tevidrivotra* au sud de l'Imerina; *Ikonqo* chez les Tanala; *Isalo* chez les Bara.

2° Il y en a deux plus considérables à la fois par leur étendue et par leur hauteur; ce sont : en Imerina, l'*Ankaratra*, dont le sommet le plus élevé (*Tsiafajavona*) atteint 2632 mètres; — dans l'Ankarana, un grand massif nommé l'*Ankaizinana*, où se trouve le sommet le plus élevé de toute l'ile, l'*Amboro* (2850 m.).

9. — En dehors du plateau central : — 1° Au nord, séparé de lui par la dépression de Loky, s'élève le massif d'*Ambre*, dont le plus haut sommet atteint 1360 mètres.

2° A l'ouest, on trouve les causses du *Bongo-Lava* qui coupent la plaine du Bouéni; les causses du *Kahavo* et surtout ceux de la longue chaine du *Bemaraha*, immense dalle calcaire recouverte d'une terre jaunâtre qui s'élève insensiblement du côté de la mer et se termine brusquement par un précipice de plus 150 mètres, en face du Bongo-Lava. Cette dernière chaine, à 30 ou 40 kilomètres de là, comme un gigantesque mur de soutènement, soutient la terrasse du plateau central.

3° A l'est, plusieurs petites chaines parallèles à l'Angavo et qui arrêtent les eaux du lac Alaotra et des cours supérieurs du Mangoro et du Mananjary.

Dans la montagne.

8. — Amin' io havoana marin-tampona io. — 1° be dia be ny tendrombohitra mitandavana mankatsy mankary mandrindrina lohasaha ety sady tsy lalina loatra ny ankabiazany, ary matetika be heniheny sy fompotra. Ny lafin' ireo tendrombohitra ireo dia boribory sady misy bozaka ringitra maina ery raha ririnina. Eny ho eny misy hiany tendrombohitra sasany avoavo manerina eo ambonin' ireo havoana mifanjevo ireo, toy *Famoizankova*, *Vontovorona* sy *Iankiana* ary *Tevidrivotra* ao atsimon' Imerina; *Ikongo* any amin' ny Tanala, ary *Isalo* any amin' ny Bara.

2° Misy tendrombohitra anankiroa koa sady lehibe no avo, dia izao : *Ankaratra* any Imerina; *Tsiafajavona* no tampony ambony indrindra ka 2632 metatra no hahavony; — any Ankarana misy iray lehibe tomandavana koa atao hoe *Ankaizinana*; ao no misy ilay tendro avo indrindra amin' ny nosy manontolo ka atao hoe *Amboro* (2850 m.).

9. — Ny tendrombohitra hafa, tsy ao amin' ny « plateau central », dia izao : — 1° Any avaratra, ny tendrombohitry *Ambre*; ny tendrony avo indrindra mahatratra 1360 metatra ary ny tany lemaky Loky no mampisaraka azy amin' ny tendrombohitra ao afovoan-tany (plateau central).

2° Any andrefana, ny tendrombohitra *Bongo-Lava*, izay mamaky ny tany lemaky Boaina, sy ny tendrombohitry *Kahavo* ary ny tendrombohitra tomandavany *Bemaraha*, izay toa vatolampy makadiry be misy sokay sady rakotry ny tany mavomavo. Misondrotra tsikelikely hatreo amin' ny ranomasina io Bemaraha io, ka nony efa tandrifiny Bongo-Lava izy dia tenga han tsana tampoka ka tokony ho 150 metatra mahery ny halaliny. Bongo-Lava kosa dia hoatry ny rarivato lehibe manohana ny « plateau central »; 30 na 40 kilometra no elanelan' izy sy Bemaraha.

3° Any atsinanana misy tendrombohitra kely tomandavana misakana ny ranony Alaotra sy ny lohany Mangoro sy Mananjary.

LECTURES.

1° Madagascar vu de la mer. — « Le navigateur qui arrive en vue de Madagascar du côté de l'orient, entre Diego-Suarez et Vohémar, a d'abord le regard arrêté par une chaine de montagnes qui parait émerger de la mer et dominer la côte. S'il approche du littoral, les montagnes reculent de plusieurs lieues dans l'intérieur du pays, et de la masse blanche et vaporeuse d'abord aperçue, émergent trois ou quatre chainons d'inégale hauteur qui paraissent se pénétrer les uns

siriry et du Marolaka avec la petite chaine haute de 400 mètres qui traverse le Bouéni et coupe le fleuve Mahajamba (n° 9).

HOVAKINA.

1° Fijery any Madagaskara avy eny ambony ranomasina. — « Raha mahatazana any Madagaskara eo anelanelany Diego-Suarez sy Vohimarina ny mpiantsambo, dia mbola tsy mahita be loatra izy, fa takon'ny tendrombohitra tomandavana izay toa mitranga eo amin' ny ranomasina sy manerinerina ny moron-tsiraka. Raha manatona ny sisin' ny tany izy, dia hitany fa mbola kilometra maro maro any anatin'ny tany no balavitry ny tendrombohitra, ary ilay

ilay tendrombohitra kely tomandavana izay tokony ho 400 metatra ny hahavony mamaky any Boaina s ymanapaka ny ouy Mahajamba (n° 9).

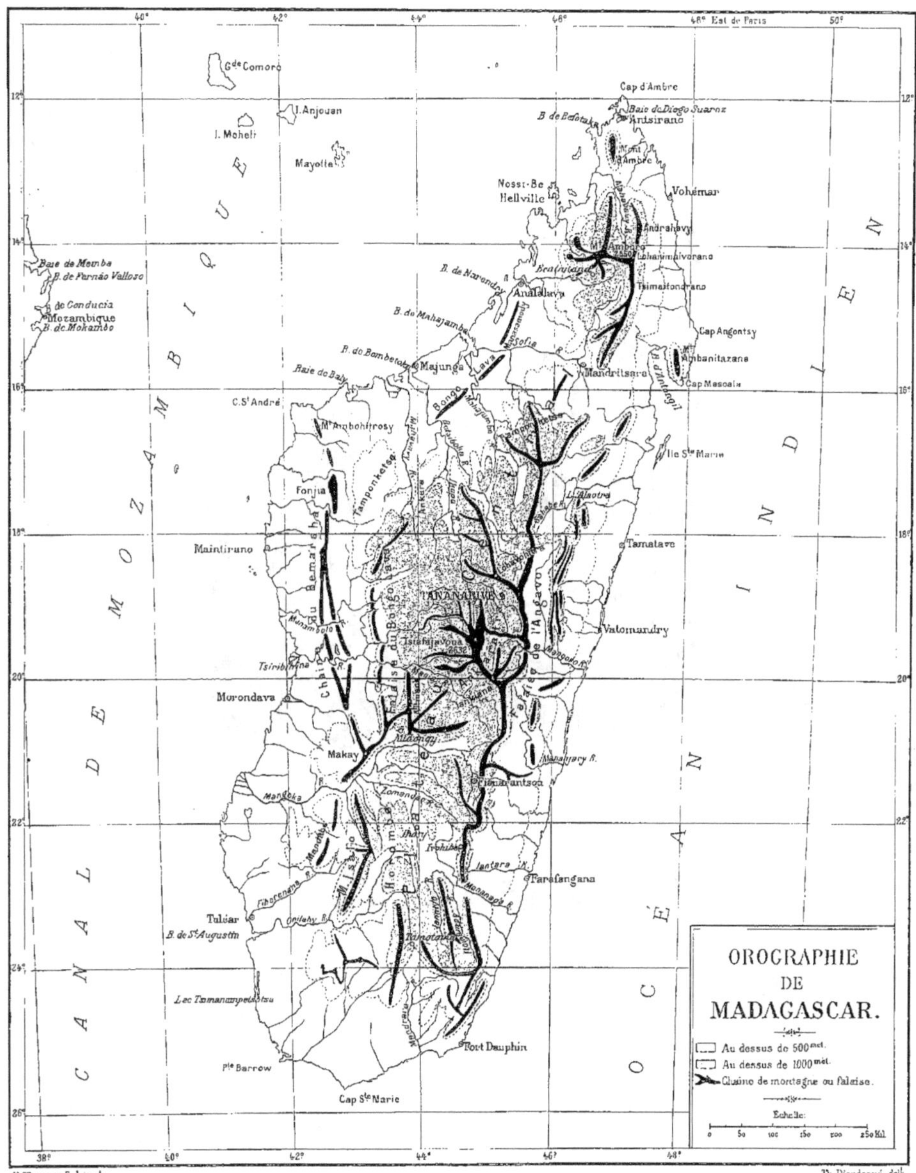
G.de Comoro
I. Anjouan
I. Moheli
Mayotte
Cap d'Ambre
B. de Bofotaka
Baie de Diego Suarez
Antsirane
Nossi-Be
Hellville
Vohémar
Mont Ambre
Andrahavy
M.t Ambre
Lohanimaivorano
Bealanana
B. de Narenda
Analalava
Tsimaitondrano
B. de Mahajamba
Cap Angontsy
Sofia
Ambanitazana
B. de Bombetoka
Cap Masoala
Baie de Baly
Majunga Lava
Mandritsara
C. St André
Ile Ste Marie
Mt Ambohitrosy
Bemarivo
Fonjua
L. Alaotra
Maintirano
Tamatave
TANANARIVE
Vatomandry
Tsiafajavona
2638
Tsiribihina
Morondava
Makay
Mahajamy R.
Fianarantsoa
Manabia
Lomandy
Ihary
Farafangana
Tuléar
B. de St Augustin
Lac Tsimanampetsotsa
Fort Dauphin
Pte Barrow
Cap Ste Marie
CANAL DE MOZAMBIQUE
OCÉAN INDIEN
OROGRAPHIE
DE
MADAGASCAR.
Au dessus de 500 met.
Au dessus de 1000 met.
Chaine de montagne ou falaise.
Echelle:
0   50   100   150   200   250 Kil.
40° 42° 44° 46° 48° Est de Paris 50°
38° 40° 42° 44° 46° 48°
12° 14° 16° 18° 20° 22° 24° 26°

les autres, mais qui en réalité se succèdent comme les marches gigantesques de cet escalier montueux.

« Cette impression persiste et s'accentue si l'on descend vers le sud; elle est surtout vive entre Tamatave et Vatomandry. Au loin la dernière arête se dresse comme un mur infranchissable, et à sa base, les autres chaînons expirent comme les volutes de la mer au pied d'un rocher. C'est aussi là que les sommets de ce massif parallèle à la mer atteignent leur plus grande hauteur : 1000 à 1100 mètres. En descendant vers le sud, le mur s'abaisse comme les toits d'une maison s'inclinent, et l'on arrive par pentes insensibles à Fort-Dauphin et au cap Sainte-Marie.

« Tout autre est l'aspect de la côte occidentale. Du cap Sainte-Marie jusqu'à la baie de Narinda, le regard court et se repose sur les forêts ou les bosquets qui suivent le littoral; seule, la baie de Saint-Augustin paraît encadrée de hauteurs plates et nivelées comme une table à leur sommet. Au loin, nulle cime, même légère, ne ferme l'horizon; la plaine sakalave s'étend à l'infini. Après la baie de Narinda et lorsqu'on approche du pays des Antankarana, les massifs montagneux reparaissent; mais cette fois, au lieu de fuir et de se perdre dans l'intérieur du pays, ils dominent la côte et la suivent de près jusqu'à la montagne d'Ambre à l'extrémité septentrionale de l'île. » (MARTINEAU, *Madagascar en 1894*, p. 180. FLAMMARION, *éditeur*.)

Torrent dans une des chaînes boisées de l'est.

2° Ikongo. — « L'ascension de la montagne d'Ikongo exige à peu près deux heures de marche, si l'on part du bas du plateau, c'est-à-dire des rives de la Sandrananta qui en baigne le pied et contourne la partie nord.

« Pour s'élever des bords de cette rivière jusqu'au village d'Andrainarivo, il faut gravir pendant près d'une heure et demie un sentier qui monte à découvert, difficile seulement en raison de la pente qui est d'environ 45 degrés. A partir d'Andrainarivo qui est à 275 mètres au-dessous d'Ikongo, le versant devient presque vertical et le sentier est abrupt, encombré de rochers, fort étroit, entièrement dissimulé sous bois; l'ascension est presque impossible sans l'aide des mains.

« Arrivé au sommet, le spectateur est largement dédommagé de ses fatigues par le splendide panorama qui s'offre à sa vue. Ce sont à l'ouest, au sud et au nord les grands massifs du Betsileo et l'arête boisée qui en marque la limite, tandis que du côté de l'est, à 600 mètres au-dessous de lui, se déroulent les rivières du pays des Antanala, serpentant

toa zavona fotsifotsy hitany teo dia manjary tandavan-tendrombohitra telo na efatra tsy mitovy hahavo. Toa mifampiditra ny fijery azy, nefa tsy izany akory fa mifanao ambaratonga mova tsy ny tohatra lehibe izy.

« Toy izany hiany ary mihoatra aza ny fahita ny tany raha mianatsimo, indrindra ange ny ao anelanelany Toamasina sy Vatomandry. Lavidavitra indray dia mideza hoatra ny manda tsy azo ihoarana ny tampon' ny tendrombohitra fara tazana, ary eo am-potony kosa dia mihalevona ny tandavana hafa tahaka ny ahalevonan' ny alon-dranomasina eo am-pototry ny vatolampy. Ao koa no ahitana ny tendro avo indrindra amin' ireo tendrombohitra mitandavana mitovy elanelana amin' ny ranomasina ireo; 1000 na 1100 metatra no hahavony. Raha mianatsimo dia mihaiva hoatra ny fisolampilampin' ny tafontrano ireo tendrombohitra ireo, ka mandrimandry tsikelikely mandra-pahatonga any Faradofay sy ny tanjony Sainte-Marie.

« Hafa lavitra noho izany kosa ny moron-tsiraka andrefana. Hatreo amin' ny tanjony Sainte-Marie ka hatreo amin' ny helodranony Narinda, dia mandeha hiany ny fijery ka finaritra mitazana ny ala sy ny kirihitr' ala manaraka ny moron-tsiraka. Ny helodranony Saint-Augustin hiany no toa voahodidin-kavoana marin-tampona hoatra ny latabatra. Eny lavitra eny tsy misy tendro na iray aza manakona ny faravodilanitra, fa mitatra be tsy hita lany ny tany lemaka sakalava. Nefa nony tafahoatra ny helodranony Narinda ka manatona ny tanin' ny Antankarana, dia mischo indray ny tendrombohitra tomandavana, nefa tsy manjavonjavona lavitra intsony any anaty tany, famierinerina manaraka ny moron-dranomasina hatrany amin' ny tendrombohitry Ambre faravaratry ny nosy. »

2° Ikongo. — « Tokony ho adiny roa vao tafakatra any Ikongo raha sendra avy am-pototry ny tanety no miala, izany hoe avy ery amoron' ny renirano Sandrananta izay mandalo eo am-potony sy manodidina azy avy eo avaratra.

« Hatreo amoron' io renirano io ka hatreo Andrainarivo, dia adiny iray sy sasany no aloha; mazava tsara ny lalana, saingy sarotra aleha fa mideza. Hatreo Andrainarivo izay tokony ho 275 metatra eo ambaniny Ikongo, dia saiky misatoka mihitsy ny tendrombohitra, ary ny lalana dia mideza loatra sady voasakantsakan' ny vatolampy, ety dia ety, takon' ny hazo ka raha tsy misarangodrangotra ery ny tànana dia hila tsy azo iakarana mihitsy.

« Rehefa tonga eo an-tampony anefa ny mpijery, dia tsy mahatsiahy ny hasasarana akory, fa renoka mitsinjo ny zavatra mahavariana hitany. Raha mijery miankandrefana sy mianatsimo ary mianavaratra, dia tazana ny tendrombohitra tomandavany Betsileo sy ilay havoana tototry ny hazo mamaritra azy; fa raha manopy maso

au milieu de hautes collines pareilles à de grosses vagues de verdure. Par les temps clairs on peut apercevoir l'océan Indien à 92 kilomètres à vol d'oiseau. » (BESSON, *Voyage au pays des Tanala indépendants.* — *Bulletin de la Société de Géographie de Paris*, 3e trimestre de 1893, p. 313.)

miantsinanana kosa, dia hita tokony ho 600 metatra cry' ambany ny renirano maro ao amin' ny tanin' ny Tanala miolikolika ao anelanelan' ny havoana miendrik' alon-drano maitso. Raha sendra mazava ny lanitra, dia tazana koa ny ranomasina Indiana, nefa tokony ho 92 kilometra ny halavirany raha atao tora-tady. »

Rocher d'Ambatomanga.

CHAPITRE III.

CLIMAT DE MADAGASCAR.

10. — Le climat d'un pays dépend surtout de la quantité moyenne de *chaleur solaire* et de *pluie* que ce pays reçoit; et ces deux facteurs principaux du climat varient surtout sous l'influence des *vents*, de la *latitude*, de l'*altitude* de la région considérée, ainsi que des *courants marins* qui l'environnent.

11. **Température.** — Sur les *plateaux du centre*, la température moyenne est voisine de celle de Tananarive (18 degrés) (1).

D'une façon générale, la *côte orientale* est moins chaude que la *côte ouest*, celle-ci étant abritée de l'alizé par les montagnes du centre et longée par le courant marin venu de l'Équateur. De plus, la température augmente à mesure qu'on s'éloigne du pôle (*Fort-Dauphin* 23°,6; *Tamatave* 24°; *Vohémar* 26°; *Diego-Suarez* 27°, 4; *Nosy-Vey* 26°, 3; *Majunga*, 29°).

C'est à l'intérieur, dans la vaste plaine comprise *entre le Bemaraha et la falaise du Bongo-Lava*, que la température est le plus élevée : elle n'y descend pas au-dessous de 15° durant les plus froides nuits d'hiver, tandis qu'à l'ombre elle dépasse fréquemment 35° en été.

Février est le mois le plus chaud.

12. **Régime des pluies.** — Au point de vue de l'époque et de la quantité des pluies, on peut diviser Madagascar en trois zones assez distinctes :

1° La *zone orientale*, de Vohémar à Fort-Dauphin et de la mer au rebord du plateau central : il y pleut à peu près toute l'année, sous forme de grains durant la mousson, d'orages et de pluies torrentielles pendant la saison chaude.

(En 1891. *Fort-Dauphin* a reçu 1m,631 de pluie; *Tamatave* 3m,274; *Vohémar* 1m,589.)

2° Le *pays des Antandroy et des Mahafaly*, où il pleut très rarement, certaines années même pas du tout, au témoignage de M. Grandidier.

(En 1891, il est tombé 0m,41 de pluie à *Nosy-Vey*.)

3° Le *reste de l'île*. Il y a deux saisons bien tranchées : la *saison froide et sèche*, d'avril à novembre, pendant laquelle il s'écoule souvent des mois entiers sans qu'il tombe une goutte d'eau; la *saison chaude et pluvieuse*, de novembre à avril, pendant laquelle les orages sont fréquents, se forment presque toujours dans la soirée et vers la même heure, éclatent parfois avec une violence

Observatoire d'Ambohidempoua.

TOKO III.

NY CLIMAT (TOETRY NY ANDRO) ANY MADAGASKARA.

10. — Ny *climat* dia miankina indrindra amin' ny *hafanan' ny masoandro* sy ny *haben' ny ranonorana* amin' ny tany; ary ireo zavatra ireo dia mbola miova araka ny toetry ny *rivotra* sy ny *latitude* sy ny *hahavon' ilay tany* ary ny *rano mitety namana* izay manodidina azy.

11. **Toetry ny hatsiaka sy ny hafanana.** — Ao *afovoan-tany* dia mitovitovy amin' ny ao Antananarivo (18°) (1)

Raha ankapobeny, ny *moron-dranomasina* atsinanana dia tsy mafana tahaka ny any andrefana, satria ny any andrefana dia sakanan' ny tendrombohitra ao afovoan-tany tsy ho azon' ny rivotra avy atsinanana, sady ny sisiny koa misy rano mitety namana avy amin' ny ekoatora. Ary koa araka ny analavirana ny pôle (tendrontany) no itomboan' ny hafanana (*Faradofay* 23° 6; *Toamasina* 24°; *Vohimarina* 26°; *Diego* 27° 4; *Nosy-Vey* 26° 3, *Mojanga* 29°).

Ao amin' ilay tany lemaka lehibe *anelanelany Bemaraha sy Bongo-Lava* no mafana indrindra : amin' ny mangatsiaka indrindra raha ririnina iny aza, dia tsy latsaky ny 15°, ary raha fahavaratra kosa matetika dia tafakatra ny 35° na dia amin'ny aloka aza.

Ny volana février no mafana indrindra.

12. **Ranonorana.** — Raha ny fotoana sy ny haben' ny orana no heverina, dia mizara telo miavaka tsara Madagaskara :

1° Ny any *atsinanana*, hatreo Faradofay ka hatreo Vohimaro, ary hatreo amin' ny moron-tsiraka ka hatreny amin' ny sisin'ny « plateau central », dia saiky misy orana mandritra ny taona, ka fandrifin-drahona raha ririnina sy orana mandriaka be raha fahavaratra.

(Tamin' ny taona 1891 dia nisy orana 1m 631 tany *Faradofay*, 3m 274 tany *Toamasina* ary 1m 589 tany *Vohimarina*.)

2° Ny tanin' ny Antandroy sy *Mahafaly* dia mahalana no mba misy orana; indraindray aza tsy misy mandritra ny taona, araka ny filazany M. Grandidier.

(Tamin' ny taona 1891 dia 0m41 ny orana tany *Nosy-Vey*.)

3° Ny sisa rehetra : misy fizaran-taona roa miavaka tsara : ny anankiray, hatramin' ny volana avril ka hatramin' ny novembre, izay *mangatsiaka sy tsy misy orana*, ary matetika mandritra ny volana maro dia tsy misy indray mitete akory; ny faharoa *mafana sy be orana*, hatramin' ny novembre ka hatramin' ny avril : ao no misy ranonoram-baratra matetika; amin' ilay tolakandro iny

---

(1) Durant les plus froides journées d'hiver, la température descend rarement à 4° sur le plateau central. Cependant on a vu de la glace au pied de l'Ankaratra. et en juillet 1899, sept porteurs de la brigade géodésique qui triangulait le nord de l'île, sont morts de froid par une température de — 2°.

(1) Amin' ny ririnina mangatsiaka indrindra, dia indraindray tsdiavina no tafidina ambanin' ny 4° ny hafanana ao amin'ny « plateau central ». Tao ambodin' Ankaratra anefa efa nisy ranomandry, ary tamin' ny juillet 1899 nisy borozano fito lahy nanarako ny ondia-mpandrefy tany tany ovaratra ka matin' ny hatsiaka izay tafidina — 2°.

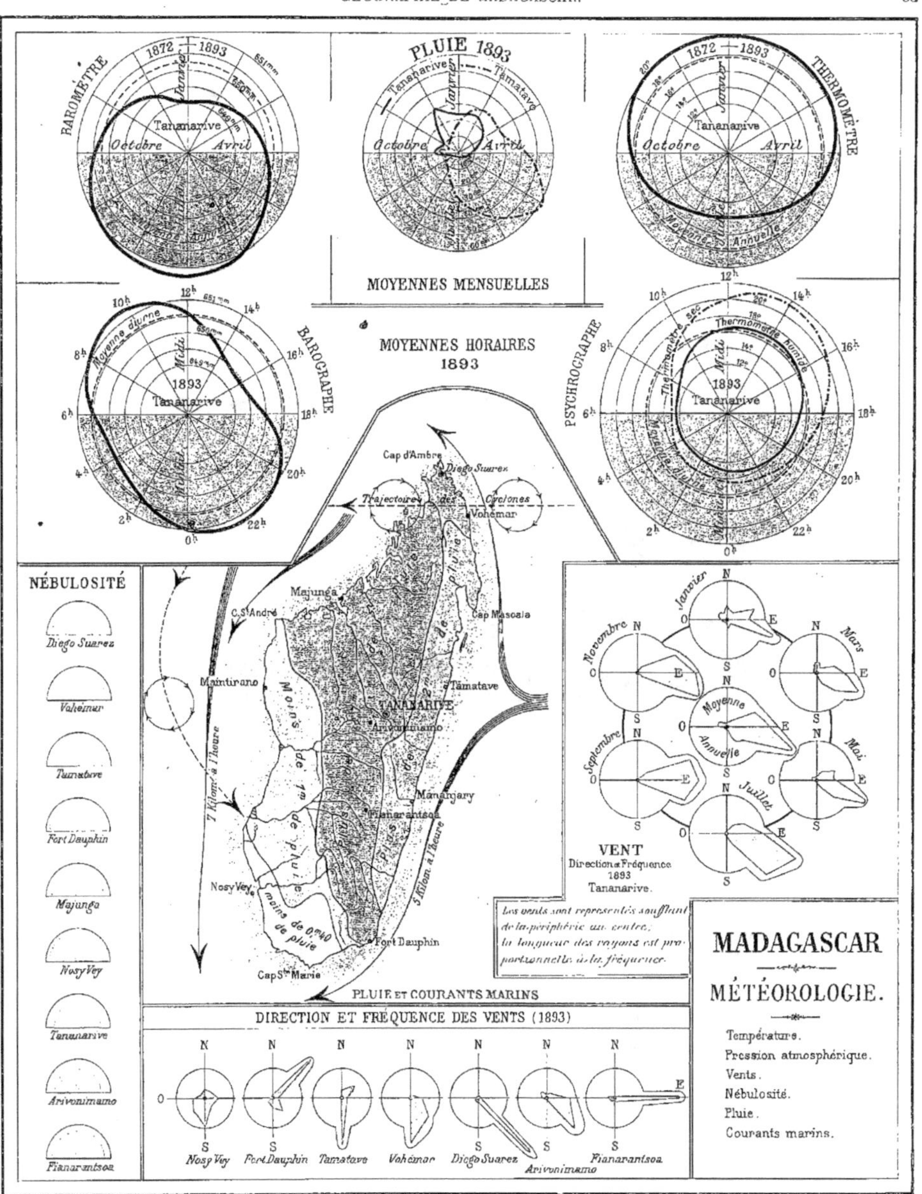

P. Thomas S.J. invt

Th. Dieudonné, delt

inouïe et se dissipent rapidement pour recommencer peu après.

La hauteur moyenne de la pluie tombée sur le plateau central et sur la côte nord-ouest dépasse 1 mètre (1ᵐ, 285 à *Tananarive*; 2ᵐ,066 à *Majunga*).

13. **Vents**. — Sur les hauts *plateaux du centre*, les vents fréquents sont les vents d'est ou d'est-sud-est.

Sur la *côte orientale* ils viennent de la mer, du sud ou du sud-est au-dessus de Mananjary, du nord-est à Fort-Dauphin.

Sur toute la *côte ouest* abritée de la mousson, la brise souffle régulièrement du large pendant la nuit et la matinée, de la terre le reste du jour, pendant la saison froide. Cette régularité est troublée dans le cercle d'Analalava par le voisinage du grand

sady mitovy fotoana no mazana fivorian' ny rahona, dia latsaka ny ranonoram-baratra ka indraindray loza erý ny fitrenany.

Ny an-kevitry ny orana latsaka ao amin' ny « plateau central » sy ny moron-tsiraka avaratr' andrefana, dia mihoatra ny 1 metatra (1ᵐ 285 ao *Antananarivo*, ary 2ᵐ066 any *Mojangu*).

13. **Rivotra**. — Ao *afovoan-tany* dia matetika avy atsinanana na atsinanana-atsimo kely ny rivotra.

Ao amin' ny *moron-tsiraka atsinanana* dia avy ny amin' ny ranomasina; ambonimboniny Mananjary dia avy atsimo na atsimo-atsinanana, ary ao Faradofay dia avy avaratr' atsinanana.

Fa amin'ny *moron-tsiraka andrefana* tontolo tsy azon' ny *mousson* kosa, dia avy amin' ny ranomasina ny rivotra amin'ny alina sy ny maraina, ary amin' ny andro sisan' izay dia avy amin'ny tany raha ririnina. Nefa ny any Analalava dia tsy mba milamina

Brouillards dans l'Imerina.

massif montagneux de l'Ankaizinana, d'où les masses d'air fortement refroidies et condensées se précipitent avec violence vers les plaines plus chaudes du sud, brisant les jeunes arbres et abattant les cases ; ce vent porte le nom de *varahatrazy*.

Pendant la saison chaude et pluvieuse, les vents sont irréguliers : ainsi à Tananarive les orages viennent du sud-ouest, de l'ouest, du nord-ouest, mais jamais ou presque jamais de l'est.

La vitesse moyenne annuelle du vent est d'environ 150.000 kilomètres à Tananarive.

La partie nord de Madagascar est souvent visitée par des *cyclones*. Celui qui, en février 1899, a ravagé Vohémar a été d'une violence inouïe ; il ne restait pas dix maisons debout après son passage.

14. **Courants marins**. — Il y a autour de Madagascar deux courants bien accusés et chauds tous les deux :

1° Le *courant de l'est* vient des profondeurs de l'océan Indien qu'il traverse en entier depuis l'Australie, il bat en plein le centre de l'île un peu au nord de Tamatave : là il se divise en deux branches, dont l'une remonte vers le cap d'Ambre et l'autre descend vers le cap Sainte-Marie. Ce dernier, aux environs de Mananjary, a une vitesse de 5 kilomètres.

2° Le *courant de l'ouest*, ou courant de Mozambique, naît aux environs des Comores, se dirige vers le sud-ouest et finit par

toy izany ny rivotra azon'ilay tendrombohitra tomandavana ao akaikiny atao hoe Ankaizinana ; satria misy rivotra mangatsiaka sy mafy amin' io tendrombohitra io, ka mifofofofo mankany amin' ireo lemaka mafana ao atsimo ka manjera ny hazo madinika sady mandrava trano ; *varahatrazy* no anaran' io rivotra io.

Raha mafana sy be orana ny andro, dia mivadibadika ny rivotra ; koa eo Antananarivo dia avy atsimo-andrefana sy andrefana ary avaratr' andrefana ny oram-baratra, fa saiky tsy mba avy atsinanana. Ny ara-kevitry ny hafainganan' ny rivotra isan-taona any Antananarivo dia 150.000 kilometra.

Ny any avaratra dia asian'ny *rambon-danitra* matetika : loza loatra ilay namely any Vohimarina tamin' ny février 1899, ka tsy nisy folo akory ny trano sisa tsy nianjera.

14. **Rano mitety namana**. — Misy rano roa mitety namana hita tsara sady samy mafana eny manodidina any Madagaskara :

1° Ny ao *atsinanana*, izay avy any anatin' ny ranomasina Indiana, mamaky azy hatrany avy any Australie ka eo avaratry Toamasina ao antenatenan' ny nosy izy no midona ; misampana roa indray izy eo : ny iray miakatra mankany amin' ny tanjony Ambre, ary ny iray kosa midina mankany amin' ny tanjony Sainte-Marie ka 5 kilometra ny hafaingany ao anilany Mananjary.

2° Ny ao *andrefana*, izay miantomboka ao anilan' ny Comores dia mankany atsimo-andrefana, ka farany dia tafakambana amin'

mêler ses eaux à la branche sud du courant oriental. A l'endroit où ce courant d'eau tiède est le plus rétréci, c'est-à-dire vers le cap Saint-André, il se déplace avec une vitesse de 7 kilomètres à l'heure.

Questionnaire. — 10 De quoi dépend le climat d'un pays ? — 11. Comment varie la température à Madagascar ? — 12. Quel est le régime des pluies à Madagascar ? — 13. Quel est le régime des vents à Madagascar ? — 14. Existe-t-il des courants marins autour de Madagascar ?

LECTURES.

1° Les pluies à Madagascar. — « On distingue communément deux saisons dans la zone tropicale : la saison *sèche*, qui coïncide avec un abaissement de température, et la saison *pluvieuse* pendant laquelle se font sentir les plus fortes chaleurs. Par suite de la position géographique de Madagascar, ces deux époques ont lieu à contre-temps de nos saisons d'Europe ; à notre plein hiver correspond l'été austral ; juillet, août, septembre, qui nous amènent ici les chaleurs sont là-bas l'époque la plus froide de l'année.

« Cette division n'est pas d'ailleurs aussi nettement tranchée à tous les points d'une même latitude ; car des influences locales modifient la marche des éléments. A Tamatave, par exemple, et sur le littoral est, depuis Vohémar jusque vers Fort-Dauphin, on peut dire qu'il pleut en toute saison ; il en est de même d'un bout à l'autre de l'île sur les deux arêtes faîtières de l'est, couvertes d'une zone de forêts et dont l'altitude varie entre 1.000 et 1.500 mètres.

« Voici à mon sens, l'explication de ces pluies : le grand courant aérien qui, du pôle sud, se dirige vers l'Équateur, s'infléchit vers le nord-ouest par suite du mouvement de rotation diurne de la terre ; il traverse l'océan Indien, et suivant la déclinaison du soleil, se charge plus ou moins de vapeurs qui se condensent soit au voisinage des continents situés entre 14° et 23° de latitude sud, soit aussi au contact de l'air plus froid des hautes arêtes faîtières. La saison sèche ne peut donc exister dans ces parages ; elle règne, au contraire sur le plateau central, parce que, à 166 kilomètres de l'océan Indien, à 1.350 ou 1.500 mètres d'altitude, à 40 et 50 kilomètres de distance des zones forestières, les vapeurs de l'alizé se sont en majeure partie condensées dans les forêts. » P. COLIN, S. J. *Extrait d'une conférence à la Société de géographie commerciale de Paris).*

ilay sampana mianatsimo voalaza teo. Ary raha ilay tery indrindra iny izy, ao amin'ny tanjony Saint-André, dia 7 kilometra isan' ora ny hafaingany.

Fanontaniana. — 10. Miankina amin'inona moa ny climat ? — 11. Manao ahoana ny fiovan'ny toetry ny hatsiaka sy ny hafanana aty Madagaskara ? — 12. Manao ahoana ny toetry ny ranonorana aty Madagaskara ? — 13. Manao ahoana ny fihavin' ny rivotra eto Madagaskara ? — 14. Moa misy rano milcty namana eny manodidina any Madagaskara ?

HOVAKINA.

1° Ny ranonorana eto Madagaskara. — « Misy fizaran-taona roa ao amin' ny *zone tropicale* (faritany mafana), dia ny *ririnina* izay mangatsiaka ary ny *fahavaratra* izay mafana dia mafana. Nohon' ny fitoerany Madagaskara, dia mifanohitra amin' ny any Eoropa ireo fizaran-taona roa ireo : raha ilay ririnina mamirifiry iny any Eoropa, dia fahavaratra kosa ny amin' ny faritany, eto atsimon' ny ekoatora ; ary ny volana juillet sy août sy septembre izay mafana any Eoropa, dia mangatsiaka indrindra any.

« Kanefa tsy miavaka tsara toy izany ny fizaran-taona amin' ny fitoerana rehetra, satria isam-pitoerana misy zavatra maro mahatonga fiovana. Ohatr' izany ny any Toamasina sy ny amoron-tsiraka atsinana hatreo Vohimarina ka hatreo Faradofay, dia azo lazaina fa misy orana lalandava. Toy izany koa any amin' ilay tandavan-tendrombohitra roa ao atsinanana izay mamaky ny nosy hatrany avaratra ka hatrany atsimo, sy rakotra ala, ary ny hahavony dia 1000 metatra ka hatramin' ny 1500.

« Araka ny hevitro, izao no mahatonga izany ranonorana izany : ny rivotra avy amin'ny pôle atsimo, ka mianavaratra mankany amin'ny ekoatora dia mitamberina mianavaratra-andrefana nohon' ny fihodin' ny tany isan-andro. Mamakivaky ny ranomasina Indiana izy manaraka ny fitongilanan' ny masoandro ka iangonan' ny fofon-drano betsaka. Ireo fofon-drano ireo dia tonga orana rahefa manakaiky ny tany ao anelanelan'ny degré 14° ka hatramin' ny 23° latitude atsimo, na raha mifanena amin' ny rivotra mangatsiaka kokoa avy amin'ny tandavan-tendrombohitra. Koa izany no tsy isian' ny fizaran-taona tsy misy orana any, fa ao amin' ny « plateau central » kosa no misy azy miavaka tsara, satria 166 kilometra no halavirany amin' ny ranomasina Indiana, 1350 na 1500 metatra no hahavon' ny itoerany ary 40 na 50 kilometra no elenelany amin'ny ala ka noho izany ao an' ala hiany ny ankabetsahan'ny fofon-drano avy amin' ny rivotra atsinanana dia tonga ranonorana. »

**2° Résumé des observations météorologiques
faites à Madagascar en 1893 (1).**

(D'après le Bulletin de l'Observatoire de Tananarive, publié par le R. P. Colin.)

Pression baromét.

	JANVIER	FÉVRIER	MARS	AVRIL	MAI	JUIN	JUILLET	AOUT	SEPTEMBRE	OCTOBRE	NOVEMBRE	DÉCEMBRE	MOYENNES
Tanan...	648.00	648.43	649.09	650.05	650.89	652.12	652.46	652.21	651.81	650.72	649.90	649.08	650.40
Fianar...	655.41	656.54	657.24	658.85	660.70	662.32	662.29	663.51	660.60	659.26	658.62	657.39	659.49
Vohémar.	760.52	762.32	761.85	763.89	765.79	767.45	768.42	770.12	768.19	766.21	766.05	768.74	765.38
Tamat...	757.33	759.14	759.41	761.67	763.71	765.79	766.70	768.60	765.73	763.80	764.07	760.70	763.06
Fort-D..	758.54	758.76	......	......	765.87	766.43	766.79	767.07	768.03	766 26	761.63	760.08	......
Nosy-Vey	766.18	767.96	769.22	771.76	......	774.24	775.38	775.41	772.54	770.97	771.31	769.59	771.32

Température.

	JANVIER	FÉVRIER	MARS	AVRIL	MAI	JUIN	JUILLET	AOUT	SEPTEMBRE	OCTOBRE	NOVEMBRE	DÉCEMBRE	MOYENNES
Tanan...	20°.4	20°.8	20°.0	16°.1	17°.3	14°.6	13°.9	14°.6	16°.5	18°.5	19°.6	20°.0	17°.9
Fianar...	21.8	23.2	21.9	21.0	18.1	14.9	15.4	16.7	20.8	20.7	21 0	21.8	19.03
Vohémar.	28.1	28.8	28.3	27.8	25.9	25.8	28.8	23.1	24.1	25.4	26.4	27.8	26.02
Tamat...	26.57	26.97	26.32	25.21	23.71	20.89	21.40	21.83	21.07	23 26	23.02	25.78	24.04
Fort-D..	26.5	26.1	......	.....	21.2	21.5	21.1	21.4	21.3	21.2	21.0	22.0	(23°66)
Nosy-Vey	30.9	31.0	30.5	28 8	....	26.9	26.3	26.3	27.2	27.0	28.3	29.8	23.45

Vents fréquents.

	JANVIER	FÉVRIER	MARS	AVRIL	MAI	JUIN	JUILLET	AOUT	SEPTEMBRE	OCTOBRE	NOVEMBRE	DÉCEMBRE	MOYENNES
Tanan...	ESE ; ENE	SSE ; WNW	ESE	ESE	ESE	ESE ; SE	ESE ; SE	ESE	E	E	ESE. E	ENE ; W	ESE ; E
Fianar...	E.	E ; W	E	E.	E	E	E	E	E.	E	E.	E ; W	E ; W.
Vohémar.	E ; SE	E ; SE ; N	S ; SE ; E	S. SE. E	S. SE	S ; SE	S	S ; SE	S ; SE	S ; SE	SE ; S	E ; SE ; S	S ; SE ; E
Tamat...	NE. S.	N	S	S	S	S	S	S ; SE	S ; NE	NE ; S	S. NE	NE	S ; NE
Fort-D...	NE ; SE	NE ; SW	....	....	NE ; SSE	NE ; S	NE ; E	SSE ; NE	NE ; SE	SE ; NE	NE ; SE	NE	NE ; SE
Nosy-Vey	W ; S ; E	W ; N.	S	S ; E		E ; S.	S	S	SW	S ; SW	S ; SW	S ; SW	S ; SW ; E

Pluie.

	JANVIER	FÉVRIER	MARS	AVRIL	MAI	JUIN	JUILLET	AOUT	SEPTEMBRE	OCTOBRE	NOVEMBRE	DÉCEMBRE	MOYENNES
Tanan...	258 mm.	241 mm.	186 mm.	100 mm.	41 mm.	14 mm.	14 mm.	9 mm.	2 mm.	89 mm.	16 mm.	503 mm.	1.469 mm
Fianar...	268	56	222	61	36	9	9	0	6	21	32	346	1.068
Vohémar.	99	23	127	237	91	118	218	153	126	43	60	55	1.343
Tamat...	196	814	297	431	609	464	284	134	77	115	52	94	3.069
Fort-D..	26	189	...	...	52	57	28	0	7	88	36	52	.....
Nosy-Vey	169	23	82	15	....	7	25	0	0	7	4	60	0.343

(1) Pour Tananarive on a indiqué la pression et la température moyennes de 16 années. — Pour les autres villes, les températures et pressions sont prises à 4 h. du soir, sauf pour Tamatave où elles sont prises à 6 heures.

CHAPITRE IV.

COTES, ILES, PORTS, FLEUVES ET LACS DE MADAGASCAR.

15. Nature des côtes. — Au nord, entre le cap Saint-André et la baie d'Antongil, la côte est ordinairement rocheuse et élevée ; —

TOKO IV.

MORON-TSIRAKA, NOSY, FITODIAN-TSAMBO SY RENIRANO ARY FARIHY ETO MADAGASKARA.

15. Toetry ny moron-tsiraka. — Ny ao avaratra, hatreo amin' ny tanjony Saint-André ka hatreo amin' ny helodranony

au sud, de la baie de Saint-Augustin à Fort-Dauphin, elle est formée de hautes falaises sablonneuses ou calcaires ; — partout ailleurs, elle est basse, sablonneuse et souvent marécageuse et couverte de palétuviers, surtout à l'ouest.

Antongily, dia saiky vato daholo ny moron-tsiraka sady avo ; — ny ao atsimo, hatreo amin' ny helodranony Saint-Augustin ka hatreo Faradofay, dia be fasika sy sokay ary mideza erý ; — fa ny sisa rehetra kosa dia iva sady be fasika ary matetika aza misy heniheny be rakotra honko, indrindra ange fa any andrefana.

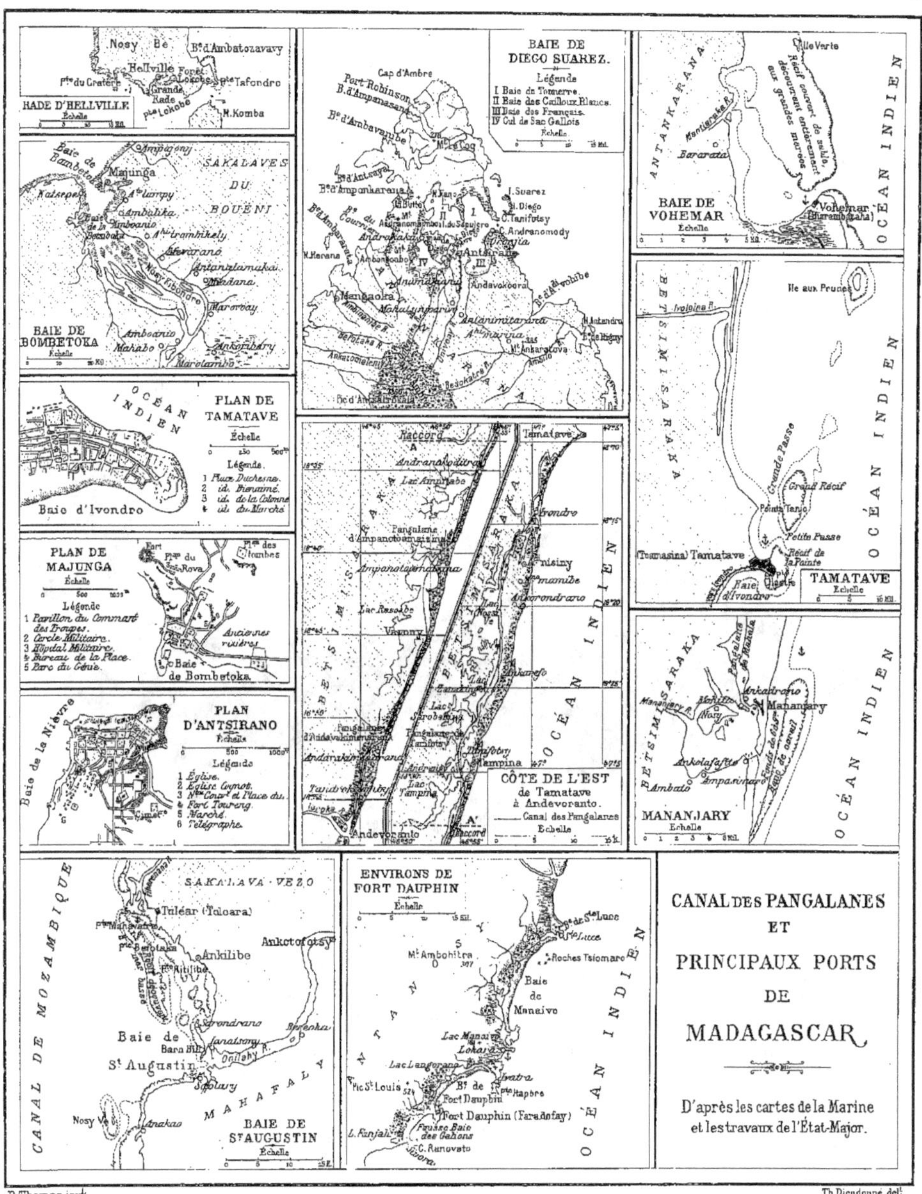
RADE D'HELLVILLE
Nosy Bé
Hellville Forêt
Pte du Cratère
Grande Rade
Pte Lokobe
Pte Tafondro
M. Komba
B.d'Ambatozavavy
Échelle

BAIE DE BOMBETOKA
Baie de Bambeto
Majunga
Katsepe
Ampagnony
Jampy
Ambalika
Baie de la Amboanio
Bombato
Antiramihikely
Bevarano
Antanztamaka
Madana
Marovoay
Amboanio
Mahabo
Ankofahry
Maretambo
SAKALAVES DU BOUENI
Nosy Faharo
Échelle

PLAN DE TAMATAVE
Échelle
Légende
1 Place Duchesne
2 id. Bienaimé
3 id. de la Colonne
4 id. du Marché
OCÉAN INDIEN
Baie d'Ivondro

PLAN DE MAJUNGA
Échelle
Légende
1 Pavillon du Commdt des Troupes
2 Cercle Militaire
3 Hôpital Militaire
4 Bureau de la Place
5 Parc du Génie
Fort
Ptie du Rova
Pte des Trombes
Anciennes rivières
Baie de Bombetoka

PLAN D'ANTSIRANO
Échelle
Baie de la Nièvre
Légende
1 Église
2 Église Cymot.
3 Nle Cour et Place du
4 Fort Tourang
5 Marché
6 Télégraphe

BAIE DE DIEGO SUAREZ.
Légende
I Baie de Tonnerre
II Baie des Cailloux Blancs
III Baie des Français
IV Cul de Sac Gallois
Échelle
Cap d'Ambre
Port Robinson
B.d'Ampanasana
B.d'Ambavarabe
B.d'Antsenjo
B.d'Ampankarana
La Butte
Mt le Log
Andrakaka
M. Herana
Ambasohalo
Antanana
Mengaoka
Mahajumparo
Befotaka
Ankatodietena
Pic d'Ambre
I. Suarez
H. Diego
C. Tanifotsy
C. Andranomody
Orangia
Andavoksora
Antanimitararaka
Antarina
Mt Ankaratova
M. Antendro
Andabay
D'AMBRE

CÔTE DE L'EST
de Tamatave
à Andevoranto
Canal des Pangalanes
Échelle
Haccord
Tamatave
Andranohidina
Lac Ampahabe
Pangalane d'Ampanotoamaisina
Ampanotoamaisina
Lac Rasoabe
Vavony
Irondro
Anisiny
Mamube
Ankorondrano
Nord
Ankarefo
Faradiena
Sahabaniny
Tanjasona
Mahafotsy
Ampina
Litoraina
Lac Fampina
Yanidroka
Andranakimiarana
Andevoranto
BETSIMISARAKA

BAIE DE VOHEMAR
Échelle
ANTANKARANA
Montagneka R.
Bararata
Ile Verte
Récif ouvert de sable découvrant entièrement aux grandes marées
Vohemar (Iharambaha)
OCÉAN INDIEN

TAMATAVE
Échelle
BETSIMISARAKA
Ivoloina R.
Ile aux Prunes
Grande Passe
Grand Récif
Pointe Tanjo
Petite Passe
(Toamasina) Tamatave
Récif de la Pointe
Baie d'Ivondro
OCÉAN INDIEN

MANANJARY
Échelle
BETSIMISARAKA
Mananjary R.
Pangalane
Arkatrano
Nosy
Mananjary
Ankolafotsy
Ambato
Ampasinaro
OCÉAN INDIEN

BAIE DE ST AUGUSTIN
Échelle
CANAL DE MOZAMBIQUE
SAKALAVA · VEZO
Tuléar (Toloara)
Manpaha
Ankilibe
Nitilibe
Ankotofotsy
Androndrano
Befanka
Fanatsony R.
Baie de Bara
St Augustin
Ogilahy
Saolay
Nosy Ve
Anakao
MAHAFALY

ENVIRONS DE FORT DAUPHIN
Échelle
ANTANOSY
M. Ambohitra
Lac Manaivo
Lac Lohara
Lac Langorano
Pic St Louis
Bt de Fort Dauphin
Fort Dauphin (Faradofay)
Fausse Baie des Gallons
C. Ranovato
Bte Ste Luce
Ile Ste Luce
Roches Tsiomaro
Baie de Manaivo
Lokaro
Ilabra
Itapere
OCÉAN INDIEN

CANAL DES PANGALANES
ET
PRINCIPAUX PORTS
DE
MADAGASCAR
D'après les cartes de la Marine
et les travaux de l'État-Major.

16. Iles. — Les principales sont : à l'est, l'île *Sainte-Marie* en face de la pointe à Larrée; à l'ouest, *Nosy-Mitsio, Nosy-Bé, Nosy-Faly,* et *Nosy-Vey.*

17. Caps. — Les principaux caps de Madagascar sont au nord, le cap d'*Ambre;* — à l'est, les caps *Angontsy* et *Masoala;* — au sud, le cap *Sainte-Marie;* — à l'ouest, les caps *Saint-Vincent* et *Saint-André.*

18. Baies. — Les plus importantes sont : à l'est, la baie de *Diego-Suarez,* une des plus vastes (1) et des mieux abritées qui soient au monde ; la baie d'*Antongil,* très vaste mais exposée aux vents du sud.

16. Nosy. — Ny nosy lehibebe eto Madagaskara dia izao : any atsinanana *Nosy-Boraha* tandrifiny Pointe Larrée; any andrefana, *Nosy-Mitsio, Nosy-Be, Nosy-Faly* ary *Nosy-Vey.*

17. Tanjona. — Ny lehibebe eto Madagaskara dia : any avaratra, ny tanjony *Ambre;* — any atsinanana, *Angontsy* sy *Masoala;* — any atsimo, ny tanjony *Sainte-Marie;* — any andrefana, ny tanjony *Saint-Vincent* sy *Saint-André.*

18. Helodrano. — Izao no helodrano : any atsinanana, *Diego-Suares* izay helodrano anisan' ny lehibe indrindra (1) amin' izao tontolo izao sy takon-drivotra indrindra ; ny helodranony *Antongily,* izay lehibe koa, nefa azon' ny rivotra avy atsimo.

À l'ouest, la baie de *Saint-Augustin,* formée par l'estuaire de l'Onilahy ; les baies de *Baly,* de *Bombetoka,* de *Mahajamba,* de *Narendry,* d'*Ampasindava,* de *Befotaka.*

19. Ports. — Les ports ou mouillages principaux de Madagascar sont : à l'est, le port de la *Nièvre,* situé à l'intérieur de la baie de Diego-Suarez en face d'Antsirano; *Vohémar* abrité par un mur de corail; *Ambodifototra,* le port de Sainte-Marie; *Tamatave,* abrité par deux bancs de corail, le plus important par son commerce, et destiné à prendre plus d'importance encore le jour où les travaux d'aménagement du port seront terminés, ainsi que les voies de communication rapide qui doivent le relier à Tananarive. Les mouillages de *Vatomandry, Mananjary,*

any andrefana, ny helodranony *Saint-Augustin,* izay tsy hafa fa ny vavany Onilahy hiany; ny helodranony *Baly, Bombetoka, Mahajamba, Narendry* sy *Ampasindava* ary *Befotaka.*

19. Fitodian-tsambo. — Ny seranana sy ny fiantsonana lehibe eto Madagaskara dia izao : any atsinanana, ny fitodian-tsambony *Nièvre* ao anatin' ny helodranony Diego-Suarez tandrifin' Antsirano; *Vohimarina,* izay voafefin' ny haran-dranomasina; *Ambodifototra,* ao amin' ny nosy Boraha, *Toamasina,* izay voafefin' ny haran-dranomasina anankiroa sady be varotra indrindra, ka mbola hanoatra noho izao aza izy any aoriana, rehefa vita tsara ny fitodiana sy ny arabe ary ny lalam-by mampitohy azy amin' Antananarivo; ny fiantsonan-tsambo ao *Vatomandry,*

<hr>

(1) La baie de Diego-Suarez est formée de quatre baies secondaires qu'on appelle : baie du *Tonnerre,* baie des *Cailloux blancs,* cul-de-sac *Gallois,* baie des *Français.* C'est à l'entrée du cul-de-sac Gallois, dans le port de la Nièvre, que mouillent les navires. — Voir le plan à la carte de la page 58.

(1) Ao amin' ny helodranony Diégo-Suarez dia misy helodrano efatra madinika, ka izao avy no anarany : helodranony *Tonnerre* (varatra), helodranony *Cailloux blancs* (vato fotsy), cul-de-sac (lálana tampina) *Gallois,* helodranon' ny *Frantsay.* Ao amin' ny fitodian-tsambony Nièvre, no miantsona ny sambo.

Farafangana et *Fort-Dauphin*, bien qu'assez fréquentés, n'offrent aucun abri pour les mauvais temps.

A l'ouest, l'excellent port de *Tuléar*, protégé contre les vagues par un long récif de corail; *Majunga*, situé à l'entrée de la baie de Bombetoka, le second port de l'île pour le commerce d'importation et le premier pour l'exportation; *Analalava*, à l'embouchure de la Loza, et la splendide rade d'*Hellville* au sud de Nossi-Bé.

De Tuléar à Saint-André, les navires ne rencontrent aucun abri et doivent mouiller à plusieurs kilomètres de la côte.

20. **Fleuves.** — Les principaux fleuves de Madagascar sont : 1° à l'est, le **Soamianina** (150 km.); le **Maningory** (110 km.), qui sort du lac Alaotra; le **Mangoro** (280 km.), qui arrose du nord au sud le pays des Bezanozano, reçoit l'*Onibe*, et, franchissant un grand nombre de rapides, se jette dans la mer près de Mahanoro; le **Mananjary** (220 km.), qui arrose du nord au sud le pays des Tanala, puis tourne brusquement vers l'est et finit près de Mananjary; le **Mananara** (140 km.), formé du *Menarahaka* (180 km.), de l'*Ionaivo* (190 km.) et de l'*Itomampy* (150 km.); le **Mandraré** (230 km.), qui limite au nord et à l'ouest la province des Antanosy et, pendant la saison sèche, est souvent impuissant à chasser les sables qui obstruent son embouchure.

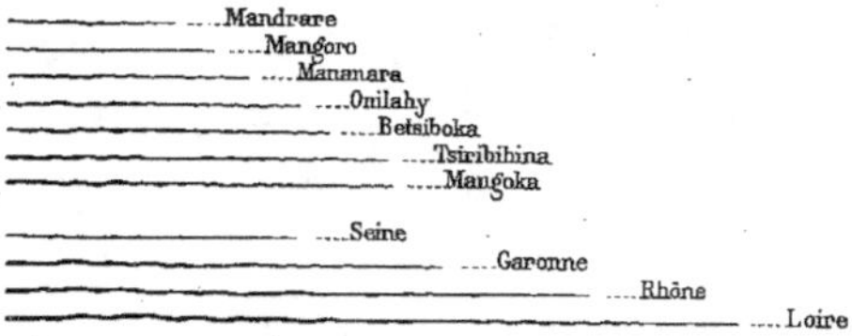

2° à l'ouest, l'**Onilahy** (400 km.) ou rivière de *Saint-Augustin*, qui arrose la province des Bara et se jette dans la baie de Saint-Augustin; le **Fiherenana** (230 km.), le **Mangoka** (240 km.), formé de la réunion du *Fitampito* (290 km.) qui, sous le nom de *Matsiatra*, passe à l'est de Fianarantsoa, du *Manantanana* (220 km.) et du *Zomandao* ou *Onimainty* (180 km.) grossi de l'*Ihosy* (170 km.); le **Tsiribihina** (140 km.), formé du *Mania* (280 km.) et du *Mahajilo* ou *Kitsamby* qui reçoit les eaux du lac Itasy; le **Manambolo** (240 km.), qui arrose Ankavandra; le **Mahavavy** (290 km.), qui reçoit les eaux du lac Kinkony; le **Betsiboka** (440 km.), grossi de l'*Ikopa* (300 km.) qui arrose la fertile plaine de Betsimitatatra au pied de Tananarive; le **Mahajamba** (370 km.), qui arrose Tsaratanana et se jette dans la baie de Mahajamba; le **Sofia** (330 km.), qui prend sa source dans le grand massif montagneux du nord de l'île, et, après avoir reçu le *Bemarivo* (230 km.), se jette dans la baie de Mahajamba; le **Maevarano** (180 km.), dont le vaste estuaire porte le nom de rivière *Loza*; le **Mahavavy** (180 km.) de la province des Antankarana.

21. — Les plus grands fleuves *de l'est,* prenant naissance à une trentaine de lieues de la côte et à une altitude de plus de 1000 mètres, sont d'abord arrêtés par des montagnes qui forment comme un mur entre leur source et l'Océan. Ils se développent du nord au sud ou du sud au nord jusqu'à ce qu'ils trouvent une brèche; alors ils changent brusquement de direction et, tombant de cascades en cascades, ils descendent droit vers l'Océan.

C'est seulement lorsqu'ils sont arrivés dans la zone côtière, dont la largeur varie de 10 à 30 kilomètres, que, leur lit s'élargissant et leur cours se ralentissant, ils deviennent navigables. Encore la barre mobile de sable qui ferme leur embouchure rend-elle

Mananjary sy *Farafangana* ary *Faradofay*, dia alehan-tsambo matetika hiany, nefa tsy misy ialofana akory raha misy tafiodrivotra;

Any andrefana, *Toleara*, fitodian-tsambo tsara tokoa; tsy mba azon' ny onjan-drano izy fa voafefin' ny harana tomandavana; *Mojanga* ao ambavan' ny helodrano Bombetoka; izy no fitodiantsambo, faharoa eto Madagaskara raha ny amin' ny fampidiranjavatra, fa voalohany amin' ny famarinana; *Analalava* ao ambavaranony Loza, ary *Hellville* izay tena fatratra tokoa ao atsimony Nosy-Be.

Hatreo Toleara ka hatreo Saint-André, dia tsy misy iaferan' ny sambo ka hery dia miantsona lavitra dia lavitra ny tany ery.

20. **Renirano.** — Ny renirano lehibe eto Madagaskara dia izao : 1° any atsinanana, **Soamianina** (150 km.); **Maningory** (110 km.), nivoaka avy ao amin' ny farihy Alaotra; **Mangoro** (280 km.), mamaky ny tanin' ny Bezanozano hatrany atsimo ka hatrany avaratra; be rano maria izy; ao akaikin̈y Mahanoro no ivarinany amin' ny ranomasina, ary *Onibe* no mikambana aminy; **Mananjary** (220 km.), mamaky ny tanin' ny Tanala hatrany avaratra ka hatrany atsimo, dia miolika tampoka miantsinanana ka mivarina any an-dranomasina anilany Mananjary; **Mananara** (140 km.), fihaonany *Menarahaka* (180 km.) sy *Ionaivo* (190 km.) ary *Itomampy* (150 km.); **Mandrare** (230 km.), mamaritra avaratra sy andrefana ny tanin' ny Antanosy; amin' ny ririnina izy dia tsy mahafaoka ny antontam-pasika misakana ny vavaranony.

2° any andrefana, **Onilahy** (400 km.) na reniranony *Saint-Augustin;* mamaky ny tanin' ny Bara, dia mivarina ao amin' ny helodranony Saint-Augustin; **Fiherenana** (230 km.); **Mangoka** (240 km.), fihaonany *Fitampito* (290 km.), mandalo ao atsinanany Fianarantsoa izy ka miova anarana hoe *Matsiatra* — sy *Manantanana* (220 km.) ary *Zomandao* na *Onimainty* (180 km.) ampian' *Ihosy* (170 km.); **Tsiribihina** (140 km.), fikambanany *Mania* (280 km.) sy *Mahajilo* na *Kitsamby*, izay ivarinan' ny ranon' Itasy; **Manambolo** (240 km.), mamaky an' Ankavandra; **Mahavavy** (290 km.), ivarinan' ny ranon' ny farihy Kinkony; **Betsiboka** (440 km.), ampian' *Ikopa* (300 km.) izay mamaky any Betsimitatatra, ilay tany lemaka mahavokatra ierenan' Antananarivo; **Mahajamba** (370 km.), mandalo ao Tsaratanána dia mirotsaka any amin' ny helodranony Mahajamba; **Sofia** (330 km.), miandoha any amin' ilay tendrombohitra tomandavana any avaratra, ka mandray any *Bemarivo* (230 km.), dia mivaona ao amin' ny helodranony Mahajamba; **Maevarano** (180 km.), izay mitatra be ao am-bavambavany ka atao hoe ony *Loza*; **Mahavavy** (180 km.), ao amin' ny faritanin' Antankarana.

21. — Ny ony lehibe indrindra *any atsinanana* dia miandoha lavidavitra ny moron-tsiraka sahabo ho 120 kilometra, sady tokony ho 1000 metatra koa ny hahavon' ny loharanony. Koa noho izany tsy maintsy voasakan' ny tendrombohitra elanelan'izy sy ny ranomasina ireo ony ireo, ka heriny mianavaratra na mianatsimo. Fa raha mahita banga, azo aleha izy, dia amin' izay mivily làlana tampoka ka miantonta amin' ny riana be, vao mizotra mahitsy mivarina any amin' ny ranomasina.

Rahefa tonga any amoron-tsiraka izy ka 10 na 30 kilometra sisa tsy hahatongavany any amin' ny ranomasina, dia izay izy vao azo alehan-tsambo, fa mihalehibe amin' izay ny morony sady mihamiadana ny fandehany. Kanefa nohon' ny antontam-pasika

Longueurs comparées des fleuves :
- Mandrare
- Mangoro
- Mananara
- Onilahy
- Betsiboka
- Tsiribihina
- Mangoka
- Seine
- Garonne
- Rhône
- Loire

Longueurs comparées des fleuves de FRANCE et de MADAGASCAR

leur accès très difficile et le plus souvent impossible aux chaloupes à vapeur qui voudraient les remonter.

Les fleuves qui se jettent dans le *canal de Mozambique* ont une longueur plus considérable ; mais leur cours supérieur n'est pas en général plus navigable, au moins sur une grande étendue ni durant toute l'année : d'abord, parce que des barrières inusables de roches granitiques coupent fréquemment leurs vallées ; ensuite, parce que, durant la saison sèche, très accusée sur tout le versant occidental de l'île, leurs eaux ne se maintiennent pas à un niveau suffisamment élevé.

Une fois que de rapides en rapides ces fleuves sont brusquement tombés du plateau central dans la plaine sakalave, il leur reste à parcourir de 30 à 40 lieues pendant lesquelles ils sont généralement navigables, à moins que le Bemaraha ne leur vienne barrer le chemin.

Ainsi l'*Onilahy* peut être remonté sur une longueur de 150 km. ; le *Mangoka*, jusqu'aux chutes de Vandrove, à 100 km. de son embouchure ; le *Tsiribihina*, jusqu'à Miandrivazo (140 km.) ; le *Manambolo*, jusqu'à Bekopaka (100 km.) ; le *Mahavavy*, depuis Tsitampitsy jusqu'à Ambaliha (90 km.) ; le *Betsiboka*, de Majunga à Marololo (213 km.) ; et l'*Ikopa*, de Marololo à Maevatanana (25 km.) ; le *Sofia* et le *Maevarano*, sur un parcours de 40 km. ; et le *Mahavavy*, sur une longueur de 60 km.

Cependant il convient de remarquer qu'à la saison des pluies le courant est en général trop rapide pour pouvoir être remonté autrement qu'en chaloupe à vapeur, et qu'à la saison sèche de nombreux bancs de sable rendent la navigation souvent fort pénible.

Chutes de l'Ikopa (Tsjomita).

22. Canaux. — Un petit canal pour pirogues fut creusé jadis entre Tananarive (Isotry) et Ambohimanga par Andrianampoinimerina. Un autre beaucoup plus important a été récemment entrepris entre Tamatave (Ivondro) (1) et Andévoranto (v. la carte de la page 57) : ce canal appelé *canal des Pangalanes* pourra plus tard se continuer le long de la côte jusqu'à Farafangana.

23. Lacs. — Les principaux lacs de Madagascar sont : à l'intérieur le lac *Alaotra*, immense marais peu profond et aux contours mal définis qui se colmate rapidement ; le lac *Itasy*, profond dans une partie, marécageux dans l'autre, et qui doit son origine à des éruptions volcaniques (2).

— Sur la côte ouest, le lac *Kinkony*, d'origine volcanique également ; les lacs salés d'*Iotry* et de *Tsimanampetsotsy* ;

— Sur la côte est, les lacs *Nosy-Vey*, *Rasoabe* et un très grand nombre d'autres qui se suivent presque sans interruption le long de la mer, de Tamatave à Farafangana, et ne sont séparés que par d'étroites langues de terre qu'on nomme *pangalanes*.

Sous l'action du courant marin qui, avec une vitesse de 1 à 5

mifindrafindra manampina ny vavany, dia tonga sarotra ery ary matetika aza tsy azon' ny salopy atao ny mjorika ao.

Ny ony mivarina any amin'ny *andilan-dranomasina Masombika* dia lavalava kokoa ; nefa ny tapany ambonimbony dia tsy azo alehan-tsambo loatra, ary na azo aleha aza indraindray, tsy dia lava akory sady tsy mandritra ny taona. Ny anton' izany dia satria voalohany be vatolampy mainty tsy lanin-drano ny lohasaha alehany, ary manaraka izany indray dia satria marivo loatra ny rano raha ririnina, indrindra ange any andrefana.

Fa rahefa nahafaka riana maro ireo renirano ireo ka avy amin' ny hahavoana afovoan-tany dia miantonta tampoka ao amin' ny tany lemaka sakalava, amin' izay dia mbola 120 na 150 kilometra no elanelany sy ny ranomasina, ka izay izy vao azo alehan-tsambo raha tsy voasakany Bemaraha.

Koa noho izany *Onilahy* dia azo iorihana hatramin' ny 150 km., ary *Mangoka* hatramin' ny 100 km., dia hatramin' ny riany Vandrove ; *Tsiribihina* hatrany Miandrivazo (140 km.) ; *Manambolo* hatreo Bekopaka (100 km.) ; *Mahavavy* hatreo Tsitampitsy ka hatrany Ambaliha (90 km.) ; *Betsiboka* hatreo Mojanga ka hatreo Marololo (213.) ary *Ikopa* hatreo Marololo ka hatreo Maevatanána (25 km.) ; *Sofia* sy *Maevarano* hatramin' ny 40 km., ary *Mahavavy* hatramin' ny 60 km.

Nefa tokony ho fantatra koa fa raha fahavaratra ny andro, dia maria loatra ny rano ka tsy azo aleha raha tsy amin' ny salopy sitimo, ary amin' ny ririnina kosa dia sarotra ery ny mandeha antsambo, fa manahirana be hiany ny antontam-pasika.

22. Lakan-drano. — Andrianampoinimerina nampihady ilay lahin-drano azo lakanina avy eo Antananarivo (Isotry) ka mankany Ambohimanga, fa izao kosa dia misy mihady anankiray lehibe hatreo Toamasina (Ivondro) (1) ka hatreo Andevoranto. *Pangalanes* na *Ampanalana* ne anaran' io lakan-drano io, izay azo hotohizina any aoriana manaraka ny morontsiraka hatreo Farafangana.

23. Farihy. — Ny farihy lehibe aty Madagaskara, dia izao : ao afovoan-tany, *Alaotra*, honiheny be tsy lalina loatra, tsy mazava faritra, mora mihatototra ; sy *Itasy*, lalina amin' ny ilany iray fa honiheny kosa amin'ny ilany hafa ; volkano nipoaka no nahatonga io farihy io (2) ;

— Any amoron-tsiraka andrefana ny farihy *Kinkona* avy amin' ny volkano hiany koa ; *Iotry* sy *Tsimanampetsotsy* mangidy rano ;

— Any amoron-tsiraka atsinanana ny farihy *Nosy-Vey*, *Rasoabe*, ary misy koa farihy betsaka mitanjozotra manaraka ny ranomasina hatreo Toamasina ka hatrao Farafangana. Tanjontany kely foana atao hoe « pangalanes » no manelanelana azy ireo.

Nohon' ny fivalanan' ny ranondranomasina izay mahafaka

<hr>

(1) Le canal des Pangalanes s'arrête provisoirement à Ivondro (12 km. au sud-ouest de Tamatave) ; un petit chemin de fer à voie étroite relie Tamatave à cette localité.

(2) Les tremblements de terre accompagnés de grondements souterrains sont presque quotidiens aux environs du lac Itasy ; la tradition ne conserve pourtant le souvenir d'aucune catastrophe, bien qu'à peu près tous les ans quelques secousses plus puissantes se fassent sentir jusque sur les côtes.

(1) Najanona ao Ivondro aloha ny lakan-drano Pangalanes (12 km. ao atsimo-andrefany Toamasina) ; misy lálam-by kely mampikambana azy aminy Toamasina.

(2) Ao amin' ny manodidina ny farihy Itasy dia saiky isan' andro misy horohoron-tany sy firohondrohona ambany tany. Saiky isan-taona koa misy horohoro mafimafy kokoa indraindray re hatrany amoron-tsiraka ; nefa na oviana na oviana tsy misy loza nanjo akory, hono.

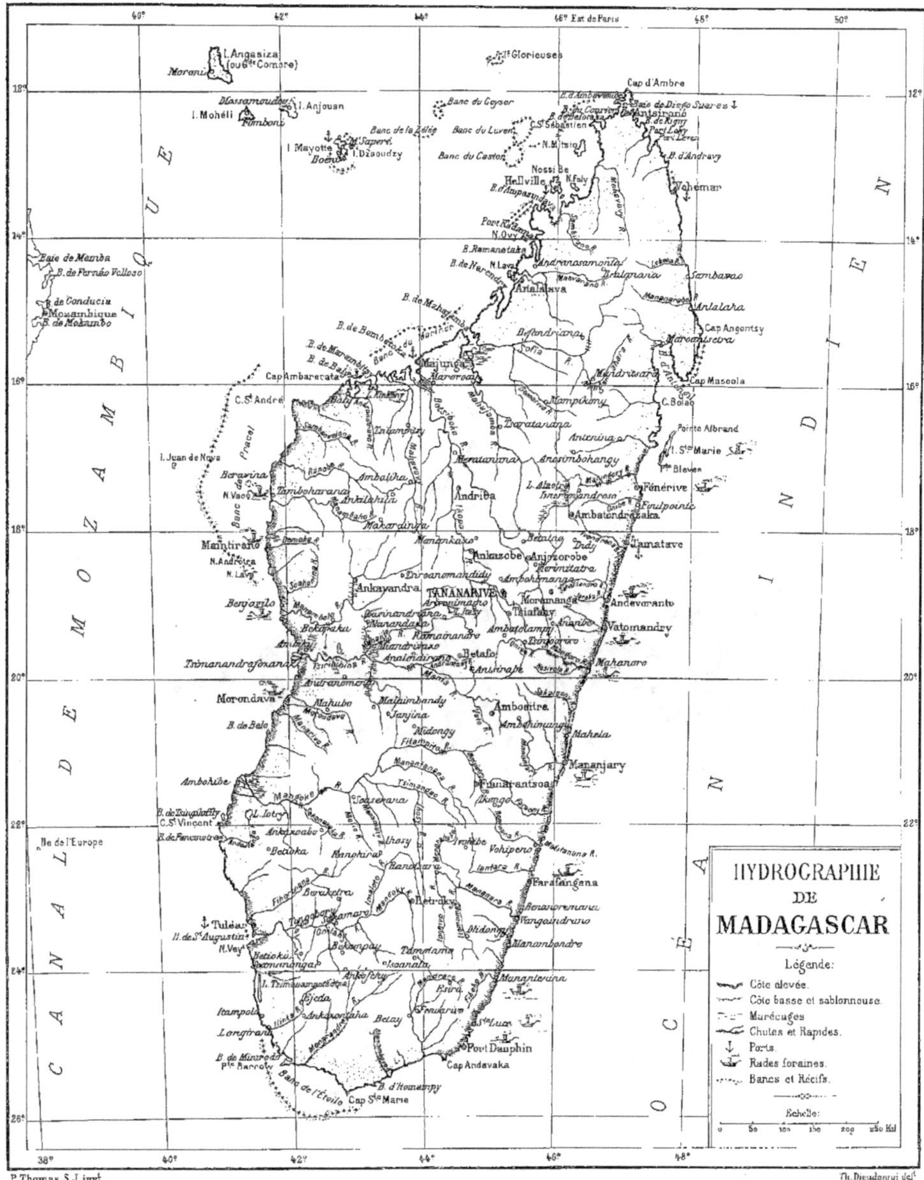

P. Thomas S.J. inv.t   Th. Dieudonné del.t

kilomètres à l'heure, vient battre toute la côte orientale de Madagascar au sud de Tamatave, les sables charriés de l'intérieur par une foule de cours d'eau torrentueux sont refoulés vers la terre, au lieu d'être entraînés loin du rivage, et, barrant l'embouchure des fleuves, créent ces lacs au fond sablonneux dont le niveau est ordinairement supérieur de plusieurs mètres à celui de l'Océan.

Questionnaire. — 15. Quelle est la nature des côtes de Madagascar? — 16. Quelles sont les principales îles? — 17. Quels sont les principaux caps? — 18. Quelles sont les principales baies? — 19. Quels sont les ports ou mouillages principaux de Madagascar? — 20. Quels sont les principaux fleuves? — 21. Les fleuves de Madagascar sont-ils navigables? — 22. Existe-t-il des canaux à Madagascar? — 23. Quels sont les principaux lacs de Madagascar?

LECTURES.

1° Le lac Itasy. — « Mananjary est un village de vingt maisons situé sur le sommet d'une montagne qui domine l'est du lac... De ce

kilometra 1 na 5 aza anatin' ny adiny iray ka miantonta amin' ny moron-tsiraka atsinanana ao atsimony Toamasina, dia tsy voapaoka any amin' ny ranomasina ny fasika entin'ny riaka be, fa vao mainka tafahemotra anaty tany indray ka misakana ny vavarano. Izany no mahatonga ireo farihy be fasika ireo; mihoatra ny ranomasina tokony ho metatra vitsivitsy ny hahavon ny ankabiazany.

Fanontaniana. — 15. Manao ahoana ny toetry ny moron-tsiraky Madagaskara? — 16. Lazao avy ny nosy lehibebe. — 17. Lazao avy ny tanjona lehibebe. — 18. Aiza avy ny helodrano? — 19. Lazao avy ny seranana sy ny fiantsonana lehibe eto Madagaskara. — 20. Lazao avy ny renirano lehibe. — 21. Moa azo andehanantsambo va ny oniny Madagaskara? — 22. Moa misy lakon-drano vita aty Madagaskara? — 23. Lazao avy ny farihy lehibe aty Madagaskara.

HOVAKINA.

1° Ny farihy Itasy. — « Mananjary dia vohitra kely misy trano roapolo miorina ao antampon' ny tendrombohitra anankiray izay

point élevé, on jouit de la vue du lac Itasy, qui étend au loin sa nappe d'eau tranquille entourée d'une épaisse ceinture de grands roseaux triangulaires dont les feuilles, divisées en longs filaments, servent à confectionner des nattes fines et des chapeaux indigènes très soignés, principale richesse de la contrée.

« Lorsqu'on s'approche du lac, il faut d'abord franchir, dans cette épaisse forêt de roseaux de plus de 3 mètres de haut, une distance de plusieurs centaines de mètres; puis on arrive sur une sorte de pelouse d'un beau vert qui partout vous sépare de l'eau libre. Malheur à l'imprudent qui s'aventurerait sur ce tapis trompeur! Cette couche d'herbe, ces plantes aquatiques aux racines chevelues forment un plancher mouvant qui cède à la première pression; il y a au-dessous plusieurs mètres d'une vase molle et visqueuse, qui dans bien des endroits interdisent au visiteur audacieux l'accès du lac, l'accès de l'eau libre.

« Mais dans la saison des pluies, ces marais boueux qui entourent le lac disparaissent sous une couche d'eau abondante. A cette époque, les rives sont formées par les premières assises rocheuses des montagnes et des collines qui enserrent le bassin de toutes parts; les plantes aqua-

mierinerina ao atsinanan' ny farihy. Eo amin' io hahavoana io no ahatazanana tsara ny farihy Itasy; sady monina ny ranony no mitandavana lavitra hodidinin-jozoro telo rirana matevim-be. Ny tahon' ireo no tsiatsiahin' ny olona ka anaovany tsihy madinika sy satroka tena voavoatra tsara tokoa, ka io indrindra no anton-karen' ny mponina.

« Alohan'ny ahatongavana eo amin' ny farihy, dia tsy maintsy mandeha metatra zato maromaro ao anatin' ity alan-jozoro izay tokony ho telo metatra ny hahavony, izay vao tonga amin' io toa tany be volon' ahitra maitso mavana io izay manodidina ny rano madio hatrany hatrany. Ilahita angano izay tsy mitandrina ka lasa mandeha amin' io somary karipetra io mamitaka! Ireo ahitra be sy zava-maniry ao anaty rano mivolovolo faka ireo, dia mova tsy ny ngorodona mihetsiketsika, izay miletsy raha vao hitsahina. Ao ambany dia misy fotaka be mandrevo sy honahona, ka matotika izany no tsy ahazoan' izay te-hizaha manatona ny farihy sy ny rano mandeha.

« Nefa raha fahavaratra dia rakotry ny rano ireo henibeny sy fotaka be manodidina ny farihy ireo. Ny morom-parihy amin' izany dia mipaka amin' ny vato no ambodin'ny tendrombohitra sy ny havoana izay mamaritra ny farihy hatraiza hatraiza; nanjavona ireny zava-maniry ao

tiques, le plancher mouvant, les boues ont disparu et sont couvertes par les eaux : la superficie du lac a doublé en même temps que changeait son contour. L'Itasy du mois de février est un lac immense; celui de juillet un étang boueux dont l'eau disparaît presque entièrement derrière la forêt de roseaux, sous les feuilles étalées des nénuphars blancs et jaunes.

« L'Itasy atteint surtout en son centre et près des plus hauts sommets qui bordent ses rives au nord-ouest une grande profondeur : ses eaux sont poissonneuses; malheureusement les caïmans y pullulent. » (L. CATAT, *Voyage à Madagascar*, p. 109, Hachette et Cie éditeurs.)

anaty rano ireny, sy ilay ngorodona mihetsiketsika ary ireo fotaka be ireo, fa rakotry ny rano, ka tonga indroa hoatry ny teo ny halehiben' ny farihy nohon' ny fiovan' ny morony. Itasy amin' ny volana februry dia farihy lehibe dia lehibe, fa amin' ny volana juillet kosa dia farihy kely be fotaka saika tsy hita rano, azon' ilay alan-jozoro sy ny ravintatamo fotsy sy mavo mivelatra eny.

« Ao afovoany indrindra sy ao anilan' ny tendrombohitra avo indrindra izay manodidina azy avy eo avaratr' andrefana no lalina Itasy; be hazandrano izy saingy be maniba koa. »

Le Mangoro à Andakana.

2° Les chutes du Mangoro. — « De la plantation où je passai quelques jours, on se rend en une heure à l'embouchure du Mangoro après avoir traversé le village de Betsizaraina... Le fleuve a plus d'un kilomètre de largeur; dans le lit peu profond s'étendent de longs bancs de sable que le courant déplace.

« Sans trop de risques d'échouement, on peut pourtant remonter le Mangoro, ainsi que je l'ai fait jusqu'à 15 ou 16 kilomètres de la mer, en aval de l'île Nosindrava... A partir de ce point la navigation devient très difficile : des rochers et de nombreux îlots, mettant obstacle aux eaux, produisent des rapides, des tourbillons et de petites chutes. C'est ce qu'on nomme les cascades du Mangoro. Pour les franchir, il faut des pirogues d'une construction spéciale, courtes, solides, ayant l'arrière et l'avant très relevés. On remonte par certains passages connus des habitants du pays, en appuyant des perches sur le fond, et en râclant les pierres avec le dessous de l'embarcation. La descente par les rapides est moins longue et moins pénible, mais plus périlleuse. A peu de kilomètres plus haut, toute navigation devient impossible. » (FOUCART, *ibid.*, p. 122.)

2° Ny riam-batony Mangoro. — « Adiny iray monja dia tonga ao amin' ny vavany Mangoro raha eo amin'ilay tanimboly niatoako kely; ka ny lálana amin' izany dia mahazo any Betsizaraina... Kilometra iray mahery ny halehiben'io renirano io. Eo amin' ny masondrano marivorivo dia misy antontam-pasika afindrafindran' ny rano mandeha.

« Na dia izany aza, dia azo iorihana hiany Mangoro hatramin' ny 15 na 16 kilometra hatreo ambaniny Nosindrava toraka ny nataoko, ka tsy misy atahorana loatra izay ho fefika. Hatreo no ho miakatra dia tonga sarotra ery' ny fandehanana an-dakana nohon' ny vatolampy sy ny nosy maro madinika misakana ny rano ka mampisy riana, sy ranomody ary hantsana kely. Izany rehetra izany no atao hoc riam-batony Mangoro. Lakana hafa nohon' ny sasany no itúna ireo rano ireo : fohy, mafy rafitra ary avo vody sy loha. Fitána efa fantatry ny mponina hiany no iorihana; tehenaia amin' izay ny tchin-dakana sady atao mikasika ny vato ny fanambanin' ny lakana. Raha mivalana amin' ny rano maria dia haingana sady moramora kokoa, nefa ahitan-doza kokoa.

« Tsy azo iorihana intsony izy rehefa lasa kilometra vitsivitsy eo ambony. »

3º Un voyage en pirogue sur le canal des Pangalanes.— « Au delà du pangalane d'Andavakinimenarana, le trajet se fait moitié en pirogue, moitié en *voruz*, par le Ranomainty, affluent de gauche de l'Iaroka.

« Cette rivière, dont les eaux noires comme de l'encre justifient pleinement l'appellation, est des plus curieuses. Sinueuse et surtout très étroite, elle coule sous une véritable forêt de vacoas et au milieu de *vias* gigantesques, avec des profondeurs atteignant parfois 7 à 8 mètres, tandis que sa largeur souvent ne dépasse pas un mètre. Le trajet en pirogue est réellement original au milieu de tous ces végétaux exotiques qui, en certains endroits, se rejoignent, formant une véritable voûte au-dessus de la rivière dont les bords sont resserrés. A plusieurs reprises, le voyageur est obligé de courber la tête pour ne pas se heurter aux arbres inclinés d'une rive à l'autre comme des ponts jetés par la nature.

« Au bout d'une demi-heure de cette navigation, le Ranomainty s'élargit un peu et l'on peut alors monter sur un *voruz* qui en une heure gagne Andevorante. » (*Le voyage du Gouverneur général.* JOURNAL OFFICIEL du 13 octobre 1898.)

3º Fiondrana an-dakana tao amin' ny lakan-dranony pangalanes. — « Ao ankoatran' Andavakinimenarana, ny antsasa-dálana dia aleha an-dakana ary ny antsasany aleha amin'ny *voruz* (karazan-tsalopy) ka ny renirano Ranomainty mivarina amin' Iaroka ao ankavia no arahina amin'izay.

« Mahagaga tokoa io renirano io. Mainty hoatry ny ranomainty ny rano ao, ka izany no nahazoany ny anarany. Miolikolika izy, indrindra fa ety ka anatin' ny alam-bakoana sy ny viha ngeza be izy no mamaky; 7 na 8 metatra ny halaliny indraindray, nefa matetika dia tsy mihoatra metatra iray akory ny halehibeny. Ny fandehanana an-dakana ao anatin' ireo hazo ireo dia hafahafa mihitsy, satria amin' ny fitoerana sasany dia mifandray ireo hazo ireo ka mahatonga andohalambo vita tenany eo ambonin' ny rano, nefa ny morona dia ety hiany hatrany hatrany. Izay mandeha an-dakana eo dia tsy maintsy miondrika matetika fandrao voadona, satria misy hazo mitsontsorika ao mova tsy ny tetezana vitan'ny Nahary.

« Rehefa afaka antsasak'adiny no mandeha an-dakana toy izany, dia tonga lehibebe kokoa Ranomainty ka azo andehanana amin' ny *voruz*; ary rehefa afak'adiny iray dia tonga ao Andevoranto. »

CHAPITRE V.

NATURE DU SOL, CULTURES, ÉLEVAGE, FORÊTS, MINES, INDUSTRIE.

24. Nature du sol. — Dans tout le plateau central et les provinces de la côte est, à part une mince bande sablonneuse le long de la mer, le sol est *silico-argileux* (1).

A l'ouest, les trois quarts de la vallée comprise entre le Bongo-Lava et le Bemaraha, formés de *grès siliceux* en décomposition, sont absolument impropres à l'agriculture et à l'élevage, d'autant plus que les pluies y sont rares et peu abondantes. Les causses *calcaires* du Bemaraha ne peuvent fournir que des pâturages durant la saison pluvieuse.

Au sud, les provinces des Mahafaly et des Antandroy sont à peu près complètement stériles, et le sol *calcaire* n'y nourrit guère que des cactus et autres plantes grasses.

Cependant les *alluvions* entassées dans les innombrables petites vallées du plateau central et de la côte est, ou dans les vallées plus larges de la côte ouest, sont très riches, ainsi que les terrains à flanc de coteau récemment occupés par la forêt ou la brousse.

Mais, sans contredit, les terrains les mieux arrosés sont ceux de la côte est : c'est là d'ailleurs qu'ont afflué jusqu'ici la plupart des colons.

25. Cultures. — La culture du *riz*, à part quelques régions restreintes, est fort peu en honneur chez les Mahafaly, les Bara et les Sakalava : elle exigerait trop d'efforts de leur paresse. Le *manioc*, la *patate*, le *maïs* ou les *tubercules sauvages* de quelques plantes de la forêt leur fournissent sans grand travail leur nourriture habituelle, tandis que quelques champs de *cannes à sucre* leur donnent le rhum, compagnon inséparable de leurs tristesses et de leurs joies.

Nossi-Bé fait exception à la loi générale : la culture de la *canne à sucre*, du *riz*, du *café* et de la *vanille* y a pris une extension considérable. Majunga, Analalava et la province de la Grande-Terre ont aussi attiré quelques colons.

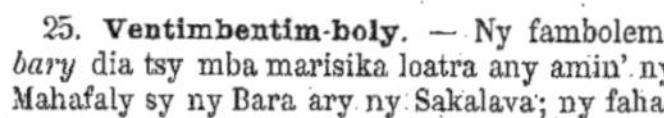

Fougère arborescente.

TOKO V.

TOETRY NY TANY, FAMBOLENA, FIOMPIANA, ALA, TANY MISY METALY ARY TAOZAVATRA.

24. Toetry ny tany. — Be *vato karanana* sy *tanimanga* ny ao anivon' ny tany sy ny any amoron-tsiraka atsinanana, afatsy sisin-tany kely fasehana izay manaraka ny moron-dranomasina (1).

Ny androatokon' ny lohasaha eo anelanelany Bongo-Lava sy Bemaraha dia *be fasika sy vato karanana* koa ka tsy azo ambolen-javatra na iompiam-biby, ary tsy izany hiany koa fa indraindray foana vao milatsaka ny orana, ka sady kely fihavy indray. Ary ny tandavan-tendrombohitry Bemaraha kosa dia *be sokay,* ary vilona foana no misy ao raha fahavaratra.

Any[atsimo, ny faritanin' ny Mahafaly sy ny Antandroy dia tsy mahavokatra na inona na inona, *be sokay,* ka raketra foana sy zava-maniry sasany toy izany no misy ao.

Kanefa ny *antsanga* tafangona ao amin' ny lohasaha madinidinika betsaka ao anivon' ny tany sy any amoron-tsiraka atsinanana sy ny lohasaha lehibe any amoron-tsiraka andrefana, dia tena lonaka mihitsy. Toraka izany koa ny tany kisolosolo izay vao nanirian' ny ala sy ny ahitra.

Azo lazaina marina anefa fa ny moron-tsiraka atsinanana no lonaka sy be ranonorana indrindra, sady ao koa no efa nipetrahan' ny ankabiazan' ny Vazaha.

25. Ventimbentim-boly. — Ny fambolembary dia tsy mba marisika loatra any amin' ny Mahafaly sy ny Bara ary ny Sakalava; ny fahakamoany no tsy hahavarany azy. Misimisy hiany anefa mba manao kely. Fa *mangahazo, vomanga, katsaka* ary ny *vodin-javamaniry* misy an' ala tsy isasarana be loatra no antom-pivelomany. Mamboly *fary* koa izy anaovany toaka, sakaizany tsy mandao azy na mirobiroby na misaona izy.

Nosy-Be anefa dia tsy tokony atao anisan' ireny : fatratra ery ny fambolem-*pary* sy *vary* sy *kafe* sy *vanila* any. Mojanga sy Analalava ary Tany-Be dia nahatarika Vazaha sasany koa.

(1) Voici, d'après l'officiel, le résultat des analyses faites en 1897 par M. Müntz, professeur à l'Institut Agronomique, sur des échantillons de terre prélevés dans la campagne de la Mission Catholique à Ambohipo près de Tananarive. Ces chiffres représentent assez exactement la nature du sol sur tout le plateau central — les terrains de rizières exceptés.

Analyse chimique pour 100 parties de terre fine passant au tamis de 1 millim.

ÉCHANTILLONS.	AZOTE.	ACIDE PHOSPHORIQUE.	POTASSE.	CARBONATE DE CHAUX.	SESQUIOXYDE DE FER.
De la prairie	1,281	17,60	0,646	2,4	58,52
Du verger.	1,011	1,406	0,629	1,8	61,92

Analyse physique pour 100 parties de terre fine passant au tamis de 1 millim.

ÉCHANTILLONS.	GROS SABLE NON CALCAIRE.	GROS SABLE CALCAIRE.	SABLE FIN NON CALCAIRE.	SABLE FIN CALCAIRE.	ARGILE.	OBSERVATIONS.
De la prairie	73,80	0,22	13,50	0,02	12,46	Quartz, peu de mica.
Du verger	70,50	0,16	14,91	0,02	14,41	Quartz et mica.

Les populations de la côte est, tout aussi paresseuses (1) mais moins nomades, doivent pour vivre faire plus d'efforts : les cultures du *riz* et de la *canne à sucre* sont plus développées; les cultures secondaires sont le *manioc*, la *patate*, le *maïs*, les *haricots*. Les colons, au nombre de 250 en 1899, y cultivent avec

succès toutes les plantes tropicales : *café, vanille, cacao, girofle, thé, caoutchouc*, etc.

Bien qu'habitant un pays plus pauvre, les races plus intelligentes et plus laborieuses qui peuplent le centre de l'île ont donné à l'agriculture un développement plus considérable et semblent avoir tiré à peu près tout le parti possible des innombrables fonds de vallées qui avoisinent leurs habitations. De grands travaux d'endiguement et de drainage ont été exécutés même sous les anciens rois de l'Imerina, autour de Tananarive en particulier. Le *riz* est la culture principale; ensuite viennent le *manioc*, la *patate*, l'*arachide*, les *haricots*, le *maïs* et, surtout dans le Vakinankaratra, la *pomme de terre*. La plupart des cultures et des *arbres fruitiers* d'Europe s'acclimatent assez bien sur ces hauts plateaux; cependant les essais de *blé* et de *vigne française* n'ont donné jusqu'à ce jour que de médiocres résultats.

26. Animaux domestiques. — En premier lieu vient le *bœuf*, élevé dans toute l'île, mais surtout dans la moitié nord, et dont Madagascar fait un commerce considérable (2). Les *porcs*, très

Ny mponina any amoron-tsiraka atsinanana dia kamo toy ny andrefana (1), nefa tsy mba mirenireny loatra ka tsy maintsy mikezaka matimafy kokoa izy mba mahazouny fivelomana. Bebe kokoa any ny *vary* sy ny *fary*; manaraka izany dia ny *mangahazo*, ny *vomanga*, ny *katsaka* ary ny *tsaramaso*. Maro koa ny

Vazaha any, ary tamin' ny taona 1899 dia nisy tokony ho 250 izay nahavokatra tsara ny voly fanao amin' ny tany mafana, toy ny *kafe*, ny *vanila*, ny *kakao*, ny *karafoy* sy ny *dite* ary ny *fingotra*.

Na dia tsy mahavokatra toraka izany azu ny tany afovoan' ny nosy, ny mponina ao noho izy hendry sy mazoto miasa kokoa, dia efa nampandroso mihitsy ny fambolen-javatra ka izay rehetra azon' ny lohasaha tsy hita isa amilan' ny tananany vokarina dia nampahavokariny avokoa. Na dia tamin' ny andron' ireo mpanjaka fahiny tao Imerina aza, dia efa nisy fefiloha sy tatatra betsaka efa vitany, indrindra fa ao amin' ny manodidina an' Antananarivo. Ny *vary* no antom-boly lehibe indrindra, vao ny *mangahazo*, ny *vomanga*, ny *voanjo*, ny *tsaramaso*, ny *katsaka* ary ny *ovim-bazaha*; any Vakinankaratra indrindra no bo io farany io. Ary ny ankabiazam-boly sy ny *hazo mamoa* misy any andafy dia mety maniry tsaratsara ao afovoan' ny tany; kanefa ny *varimbazaha* sy ny *voaloboka frantsay* dia mbola tsy nahomby loatra.

26. Fiompiana. — Voalohany indrindra aloha dia ny *omby*, izay ompiany Madagaskara manontolo fa indrindra ny ao avaratra, ka lehibe tokoa ny varotra amin'io (2). Ny *kisoa* koa dia be

---

(1) Il faut excepter les Antaifasy (province de Farafangana) que l'on désigne souvent, par erreur, sous le nom d'Antaimoro.

(2) A l'ouest les bœufs vivent en grands troupeaux presque sans surveillance et souvent mêlés aux troupeaux de bœufs sauvages. A l'intérieur, quand on voulait les engraisser, on les élevait un à un dans une fosse (fahitra), d'où le bœuf ne

(1) Afatsy ny Antaifasy (faritaniny Farafangana) izay fiantson' ny olona hoe Antaimoro, fa diso izany.

(2) Any andrefana dia misy andian' omby betsaka saika tsy andrasana akory fa mifanjevo amin' ny ombimanga. Raha ta-hamahy omby ny olona ao afovoan-tany, dia taloha ataony am-pahitra ny omby ary tsy navoakany raha tsy hovonoina.

Gde Comore
I. Mohéli
I. Anjouan
I. Mayotte
CANAL DE MOZAMBIQUE
OCÉAN INDIEN
Cap d'Ambre
Baie du Courrier
B. de Rafataka
Baie de Diego Suarez
Antsirano
Mt d'Ambre
N. Mitsio
Vohémar
Nosy Bé
Rivière Loza
B. de Narenda
B. de Mahajamba
B. de Bombetoka
Majunga
B. de Baly
C. St André
Antalaha
Maroantsetra
C. Angontsy
Cap Masoala
I. Ste Marie
Anosimbohanga
Fénérive
Ard drazaka
Tamatave
Maintirano
Ankavandra
TANANARIVE
Andevoranto
Vatomandry
Mahanoro
Morondava
Mananjary
Manakara
Ihosy
Farafangana
Vangaindrano
Tuléar
Be de St Augustin
Tanatamo
L. Tsimanampetsotsa
Fort Dauphin
C. Ste Marie
MADAGASCAR
AGRICULTURE,
MINES, FORÊTS.
Légende
Fer   Cu Cuivre
Or   Pb Plomb
Pp Pierres précieuses
Forêts à feuilles persistantes
id. à feuilles caduques
id. de plantes grasses
et d'arbustes épineux
Echelle
0   50   100   150   200   250Kil

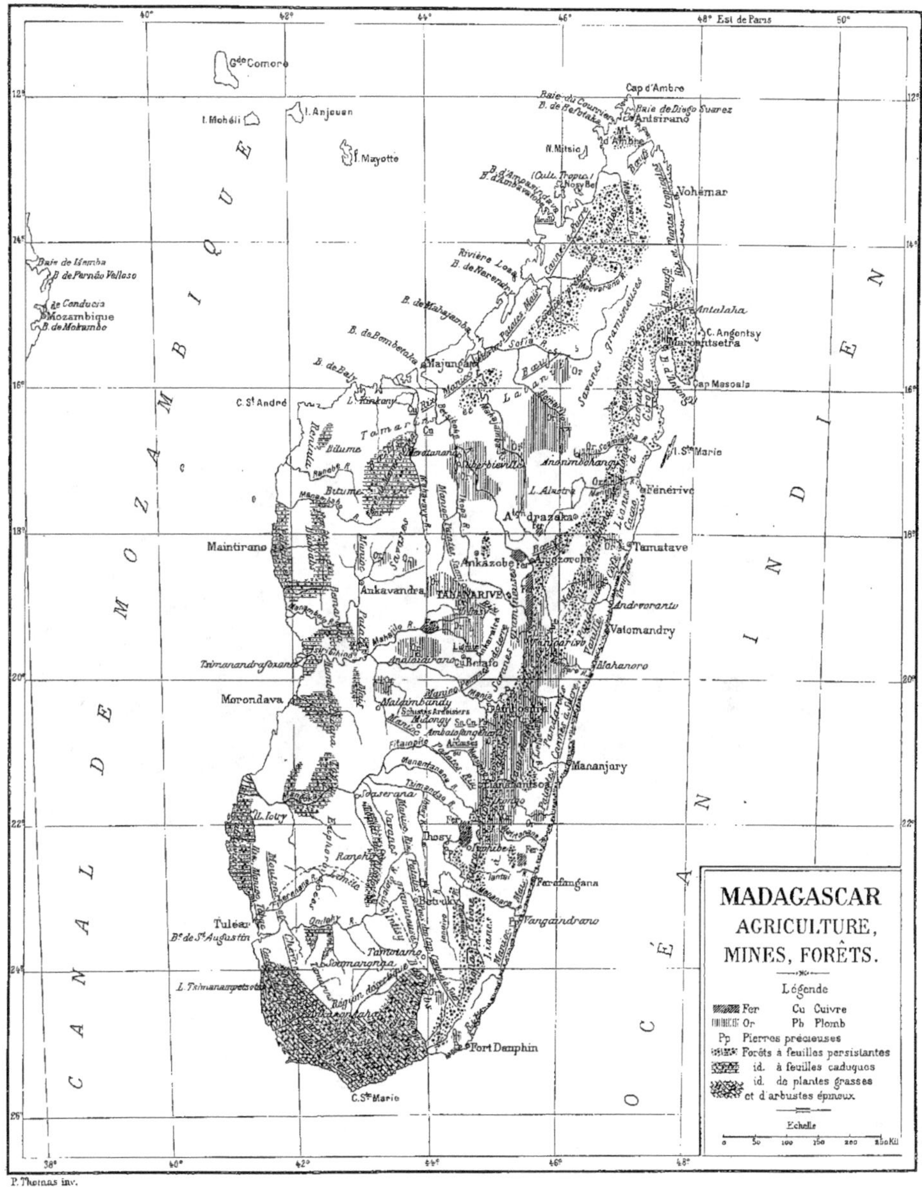

P. Thomas inv.

nombreux et faciles à élever sur le plateau central, sont à peu près inconnus chez les Bara, les Tanala et les Antaimoro. Le *mouton à large queue* fournit une viande de boucherie de mauvaise qualité; il est peu répandu. On élève çà et là quelques *chèvres*. Les *chevaux*, les *mulets* et surtout les *ânes* sont encore rares dans la ferme malgache. Mais les *volailles* (poulets, canards, oies, dindons, pigeons...) pullulent. On trouve des *tortues* sur la côte ouest, et une espèce de *civette* chez les Mahafaly.

27. Forêts. — Les forêts de Madagascar qui couvrent environ un vingtième de l'île, à part quelques rares massifs de peu d'étendue (*Ankazobé*, *Ankaratra*), se trouvent toutes en dehors du plateau central.

Une première bande forestière large d'un kilomètre au plus

sady mora ompiana ao afovoan-tany, nefa saiky tsy hita misy any amin' ny Bara sy ny Tanala ary ny Taimoro. Ny *ondry* be hofaka dia hanina, nefa tsy tsara hena loatra sady tsy mba be loatra. Misy koa miompy *osy* hiany. Ny *soavaly* sy ny *ramole* fa indrindra ny ampondra dia mbola vitsy. Misy *sokatra* koa any aminny moron-tsiraka andrefana. Mahafaly kosa dia miompy *jaboady*

27. Ala. — Tokony 1/20 ny Madagaskara no misy ala, ka ao ivelan' ny « plateau central » no misy azy rehetra, afatsy ny ala madinika vitsivitsy toy ny any *Ankazobe* sy *Ankaratra*.

Hatreo Faradofay ka hatreo Diego-Suarez, dia misy ala saiky

Dans la forêt d'Ankeramadinika.

(excepté aux environs de la baie d'Antongil) longe la côte orientale presque sans interruption de Diego-Suarez à Fort-Dauphin.

Une deuxième bande beaucoup plus large couvre les rebords abrupts de la falaise orientale du plateau central depuis la baie d'Antongil jusqu'au Mandraré sans interruption, sur une longueur de plus de 1000 kilomètres. — Enfin une troisième bande moins longue couvre les chaînes parallèles qui ferment à l'est les bassins du lac Alaotra et du haut Mangoro.

À l'ouest, les forêts de la zone côtière sont moins étendues en

tsy misy fahatapahana izay manaraka ny moron-tsiraka atsinanana, ka tokony ho iray kilometra ny halehibeny; nefa ny ao anilan' ny helodrano Antongily dia tsy mba misy.

Misy koa ala anankiray lehibe lavitra noho io izay mandrakotra ny sisina midezan' ny tendrombohitra ao afovoan-tany hatrao amin' ny helodrano Antongily ka hatreo Mandrare : 1000 kilometra mahery no halavany ary sady tsy tapaka akory fa ala hiany hatrany hatrany. — Farany misy koa ala anankiray fohifohy kokoa mandrakotra ireo tandavan-tendrombohitra maro izay mamaritra atsinanana ny tany alehan-Alohatra sy ny lohany Mangroo.

longueur, mais par contre s'enfoncent plus avant dans l'intérieur des terres, surtout le long des fleuves. La falaise de Bongo-Lava est dénudée et, tandis que dans les forêts de l'est presque tous les arbres sont à feuilles persistantes, dans celles de l'ouest les feuilles de la plupart des arbres tombent durant la saison sèche.

Les forêts qui recouvrent le pays des Mahafaly et des Antandroy ne se composent guère que de cactus et de plantes grasses et épineuses.

28. — Les forêts de Madagascar contiennent plus de 1000 espèces de plantes ligneuses.

Les *lianes* et *arbres à caoutchouc* sont nombreux, mais peu productifs.

Les plus beaux bois de charpente, de menuiserie et d'ébénisterie que l'on trouve un peu partout, sont : le *varongy*, le *hetatra*, le *voamboana* (palissandre), le *vintanina*, le *rotra*, le *nato*, l'*hazomainty* (ébène), l'*hazomby* (bois de fer), l'*hazomena* (bois de rose), le *lalona* dont l'écorce est employée en tannerie.

Dans les bas-fonds pousse le *rofia*, dont la fibre excellente fait l'objet d'un commerce important.

Il existe aussi une grande variété d'*arbres à gomme* et à *résine;* d'autres fournissent des *produits tinctoriaux* ou *pharmaceutiques.*

29. **Mines.** — On trouve à Madagascar un grand nombre de mines de *fer* et d'*or;* mais, tandis que le minerai de fer, exploité principalement sur la lisière de la forêt qui borde à l'est le plateau central, est très riche, les sables aurifères que l'on rencontre un peu partout sont relativement pauvres (1).

Il existe du minerai de *cuivre* et de *nickel* aux environs d'Ambositra (*Ambatofangehana*). On aurait trouvé des sources de bitume chez les Sakalaves. Les gisements de *houille* et de *lignite* découverts jusqu'ici ne semblent pas exploitables. La *tourbe* qui se rencontre dans tous les bas-fonds du plateau central n'est utilisée que pour la cuisson de la chaux et des briques.

30. **Industrie.** — Les Malgaches savent *extraire* et *forger le fer;* ils en font des bêches, des haches, des couteaux, de mauvais clous et tout ce qui est nécessaire pour leurs habitations.

Ils fabriquent les objets de *poterie* indispensables, des *briques,* et des *tuiles;* tissent des *lambas de soie* inusables, des *rabanes,* des *chapeaux,* des *nattes,* des *corbeilles* qui font office de brouette, etc.

Ils font du *rhum,* du *sucre,* du *savon* et des *bougies* de qualité inférieure.

Le reste vient de l'étranger.

Le nombre des *ouvriers,* fort restreint jusqu'à l'occupation française; s'est depuis considérablement accru, et les industries européennes sont destinées à se développer rapidement, surtout aux environs des centres populeux.

Ny ala ao amoron-tsiraka andrefana kosa dia kelikely kokoa, nefa mandroso lavitra ao afovoan'ny tany, fa indrindra eny amoron-tsiraka. Ny ao Bongo-Lava dia tsy misy na inona na inona ary ao amin' ny ala atsinanana dia tsy mba mihintsana ny ravinkazo, fa any amin' ny andrefana kosa dia mihintsana ny ravina raha ririnina.

Ny ala any Mahafaly sy Antandroy dia raiketra sy tsilo.

28. — Misy tokony ho 1000 mahery ny karazan-kazo tena hazo eto Madagaskara.

Ny *vahy* sy ny hazo fakana *fingotra* dia betsaka, nefa tsy vokatra loatra.

Ao koa ny *varongy,* ny *hetatra,* ny *voamboana,* ny *vintanina,* ny *rotra,* ny *nato,* ny *hazomainty,* ny *hazomby,* ny *hazomena* ary ny *lalona.* Ireo hazo ireo no tsara indrindra anaovan-trano sy rafitra maro karazana, ary ny hoditry ny lalona dia fandomankoditra.

Ao amin' ny tany an-kandemponana kosa no anirian' ny *rofia* izay fangalana tsiratsirany fatratra sady isam-barotra lehibe.

Misy koa karazan-kazo betsaka fakana *gaoma* sy *dity;* ny sasany kosa dia azo anaovana *soka* na *fanafody.*

29. **Tany misy metaly.** — Misy *vy* sy *volamena* betsaka; antsisin' ny ala manamorona atsinanana ny « plateau central » indrindra no misy vy amin' ny akorany be dia be; fa ny fasika fakana volamena kosa dia hita hatraiza hatraiza, nefa tsy dia misy loatra (1).

Ao amin' ny faritanin' Ambositra (*Ambatofangehana*) no misy ny varahina mbola ao an-korany sy ny *nickel.* Toa misy *bitume,* hono, ao amin' ny faritanin' ny Sakalava. Ny *arin-tany* sy ny *lignite* izay hita hatramin' izao dia kely loatra ka tsy hita halaina. Ny fompotra misy amin' ny an-kandemponana ao amin'ny « plateau central » dia andorana biriky sy sokay fotsiny hiany.

30. **Taozavatra.** — Hain'ny Malagasy ny *mihady* sy ny *manefy vy,* ka anaovany angady, famaky, antsy sy fantsika ratsiratsy ary izay rehetra ilainy ao an-trano.

Manefy *vilany* sy *vilia tany* koa izy, ary *tanimanga* sy *biriky;* manenona *lamba lasoa* matoza dia matoza sy *jiafotsy;* mandrary *satroka, tsihy* ary *sobiky* fitondrana entana, etc.

Manao *touka, siramamy, savony* ary *labozy* ratsiratsy koa izy.

Fa ny sisan'izay dia avy any an-dafy avokoa.

Mbola vitsy ny *mpiasa* talohan' ny nahatongavan'ny Frantsay, fa hatramin'izay kosa dia efa nitombo be ; ny taozavatra fanao any Eoropa dia mety handroso haingana, fa indrindra eny manodidina ny tanàna be olona.

Tissouso.

(1) On a découvert récemment dans la vallée de l'Amboasary affluent de gauche du Mananjary, des alluvions aurifères d'une très grande richesse.

(1) Misy fasika be volamena loatra hita vao haingana teo amoron' Amboasary izay avy any atsinanana mikambana amin'ny ony Mananjary.

LECTURES.

1° La culture du riz de montagne chez les Tanala (1). —
« La culture est facile pour les Tanala.

« Ils déboisent autour des villages qui sont temporaires par suite de la nécessité de rechercher toujours des terres nouvelles que la culture n'a pas encore épuisées et qui ne sont pas encore dépouillées de leur humus. Sous l'épaisse jonchée d'arbres, la terre se conserve fraîche jusqu'à l'entrée de l'hivernage ; les Tanala incendient alors ces sortes de jonchées appelées *tavy* et trouvent après l'embrasement une forte couche de cendres et d'humus qu'ils retournent et mélangent ensemble avant d'y ensemencer leur riz.

« Ce mode de culture a entraîné la destruction d'une grande partie des forêts de l'est, et, dans sa partie centrale, en face d'Ikongo, le pays est à peu près entièrement déboisé. Cependant la couche d'humus est encore épaisse et l'herbe qui y croît est plus verte et plus tendre que celle des hauts plateaux. Néanmoins, on peut prédire qu'en raison de l'excessive inclinaison du sol dans ce pays, la couche d'humus dont il est revêtu n'étant plus retenue à la saison pluvieuse par les racines des arbres, sera entraînée au fond des vallées d'où elle ira se perdre dans les cours d'eau.

« La main imprévoyante de l'homme aura ainsi, en peu d'années, détruit l'œuvre séculaire de la nature et appauvri une contrée encore belle et fertile. Mais les Tanala, qui sont aujourd'hui dans l'abondance, ne se préoccupent pas de l'avenir, et leurs enfants, élevés comme eux, continueront à déboiser, jusqu'à ce qu'il ne reste plus de traces de la magnifique forêt qui fut la source de leur bien-être et l'abri de leur indépendance. »

(Besson, *Voyage au pays des Tanala indépendants*, loc. cit.)

.[.].

2° Mines d'or. — « A part la zone côtière formée essentiellement de dépôts marins et nettement bornée à l'ouest par la falaise du Bongo-Lava, on peut dire que tout Madagascar est un vaste champ aurifère.

« Pourtant, en de très rares places seulement, l'or est assez abondant pour donner lieu à une exploitation industrielle vraiment fructueuse. C'est que les phénomènes d'érosion n'ont pas encore accompli suffisamment leur œuvre de désagrégation et de lavage, œuvre qui se poursuit de nos jours et s'accomplit lentement mais sûrement chaque année pendant la période des fortes pluies. Les graviers aurifères dont l'épaisseur varie de quelques centimètres à un mètre, garnissent le fond des rivières, depuis les bords du courant principal jusque sur les flancs de la vallée où ils s'étalent en terrasses à une faible hauteur, ne dépassant pas le niveau des hautes eaux.

« La teneur de ces graviers aurifères est extrêmement variable et les meilleurs prospects que j'ai pu obtenir, raconte M. Huré, dont je cite ici les notes, n'ont jamais accusé beaucoup plus de *quatre* grammes à la tonne, dans les parties les plus riches. » (P. Piolet S. J., *Douze leçons à la Sorbonne sur Madagascar*, p. 345.)

HOVAKINA.

1° Ny fambolem-bary an-tanety any amin' ny Tanala (1).
— « Mora atao ny fambolem-bary any amin' ny Tanala.

« Vonoiny ny ala manodidina izay tany anorenany tanána, fa vohitra mifindrafindra ny azy noho izy tsy maintsy hitady lalandava izay tany vaovao tsy mbola lany tsirony sy mbola be nofon-tany lonaka. Ny tany ao ambanin' ireo hazo voatapaka ireo dia mandomando mandrakariva na dia amin' andro maina aza ; amin' izay dia doroan' ny Tanala ireo hazo hatao hoe *tevy* ireo, ary nony voadoro dia lavenona matevina sy tany lonaka fatratra no eo, ka hevoiny hifangaro vao fafazany vary.

« Nahalevona be tamin' ny ala tany atsinanana izany fomba fiasantany izany, ary eo afovoamboany manolotra any Ikongo dia efa saiky tsy misy ala intsony ny tany. Kanefa mbola be ny nofon-tany lonaka, ary ny ahitra maniry eny maitso sy malemy nohon' ny eny amin' ny tany marin-tampona. Nefa nohon' ny tany mikisolosolo fatratra sady tsy misy fakan-kazo misakana intsony, dia tsy maintsy ho faohin' ny rano amin' ny an-dohasaha ny nofon-tany lonaka eo raha fahavaratra, sy ho very foana any anaty renirano.

« Koa araka izany, taona vitsivitsy monja dia ho levon' ny olombelona ny asan' Andriamanitra, ka hataony tsy misy heviny ny tany mbola tsara sy mahavokatra. Nefa ny Tanala izay mbola miadana fe ankehitriny dia tsy mikarakara ny ho avy, ary mbola hotohizin' ny taranany iray lesona aminy ny mamono hazo, ka hataony tsy misy miangana ilay ala mahafinaritra fototry ny fiadanany sy niaro azy tsy ho very fahaleovan-tena. »

.[.].

2° Ny Volamena. — « Afatsy ny lafin-tany amoron-tsiraka izay zavatra avy amin' ny ranomasina ny ankabiazany, ary hatreo amin' ny moron-tsiraka mideza ao Bongo-Lava no tena farany andrefana, azo lazaina fa Madagaskara manontolo dia sahabem-bolamena.

« Nefa amin' ny toerana vitsy foana no misimisy volamena azo iasana hahazoan-tombony tokoa. Ny mahatonga izany dia satria ny fikikisan' ny ranonorana ny vohon' ny tany mbola tsy nahalasa be loatra, ka mbola kely no voasaratsaraka sy voadio, nefa mbola mitohy marina sy miadana hiany izany asa izany isam-pahavaratra. Ny tany fasika misy volamena, izay misy hatramin' ny metatra iray ny fara fahateviny, dia manerana ny aty renirano hatreny amoron' izay ivalanan' ny rano indrindra ka hatreny antenatenan' ny lohasaha, ary eny izy dia hoatry ny tany naterina nefa tsy avo toerana loatra, famitovy fahavo amin' ny rano ambony toerana.

« Ny habetsahan' ny volamena anatin' ireny tany ireny dia tsy mitovy velively, ary ny tamin' ny fitsapana izay hitako nisy be indrindra, hoy M. Huré, fa filazana avy aminy ireto, dia nisy *lanjam-benty* mahery kely ny fasika iray *tonne* (lanjana roa arivo livatra). »

---

(1) La description du mode de culture des Tanala s'applique aussi bien aux Betsimisaraka et aux Sakalaves. Des mesures énergiques ont été prises par le gouvernement français dans le but d'arrêter cette destruction insensée des forêts.

(1) Ny fomba fambolena any amin' ny Tanala dia iray amin' ny any ny Betsimisaraka sy ny Sakalava. Mafy ny nafitsoky ny fanjakana frantsay hampijanona izany fanimbana foana ny ala izany.

3° Les industries malgaches (1). — « Quel traitant n'a pas vu sur les marchés de Madagascar ces cuillers et fourchettes de diverses dimensions, ces assiettes et verres à liqueur, ces tabatières et autres vases en corne opaque ou transparente? C'est encore un produit de l'industrie malgache.

« Afin d'arriver à donner à la corne toutes ces formes que de sa nature elle semble repousser, l'ouvrier indigène commence par chauffer à petit feu cette matière réfractaire, et, dès qu'elle est assez ramollie par la chaleur, il la découpe en lames plus ou moins épaisses. Ensuite

3° Ny taozavatra malagasy (1). — « Ny mpandranto rehetra izay niantsena teto Madagaskara, iza no tsy nahita irony sotro sy forsety madinika na vaventy, irony lovia sy vera, irony tongobolo sy zavatra samihafa, ka samy tandro-potsy na tandro-mainty avokoa? Taozavatry ny Malagasy ireny.

« Mba hahatonga ny tandroka hanana endrika hafa dia hafa toy izany, dia alain' ny zana-tany mpanao azy aloha ka afanainy amin' ny afo malefadefaka io zavatra saro-demena io, ka nony efa malemy azon' ny hafanana dia vakivakiny ataony takelany manifinify. Nony

il chauffe chacune des lames séparément. Devenues assez molles pour céder à une pression ordinaire, il les place dans un moule en bois et les étend de manière à leur faire prendre parfaitement la forme du moule. La corne refroidie sortira de ce moule assiette, cuiller, etc. ; quelques coups de polissoir achèveront l'ouvrage.

« Les étrangers sont étonnés à la vue de ces gracieux produits de l'industrie malgache; ils le seraient bien plus s'ils voyaient les misérables instruments dont se servent les indigènes pour les confectionner. » (P. Abinal, *Vingt ans à Madagascar*, p. 27.)

inona, dia samy afanainy tsirairay indray. Ary rehefa tonga bodaboda azo poritina, dia alatsany amin' ny hazo fandatsahana ka velariny hitovy endrika amin' io. Dia vita amin' izany ny sotro aman-dovia, etc., rehefa mangatsiaka avy eo ny tandroka. Fanampalesana kely sisa atao.

« Gaga ny vahiny mahita ireny taozavatra tsara tarehy ataon' ny Malagazy ireny, fa ho mainka gaga kokoa izy raha mahita ny flasana toa loza anaovany azy. »

(1) Lire sur ce sujet le chapitre très complet et très pittoresque du P. Abinal dans *Vingt ans à Madagascar* (pp. 24-38). Nous regrettons de ne pouvoir, à cause de son étendue, le citer en entier.
Consulter également le rapport de la commission malgache sur « les cultures et industries indigènes à Madagascar » publié dans les numéros des 31 octobre et 31 décembre 1898 et dans ceux des 30 septembre et 31 décembre 1899 des *Notes, reconnaissances et explorations*.

(1) Vakio ny filazana izany lanteraka amin' ny boky atao hoc *Vingt ans à Madagascar* (pp. 24-38) nataony P. Abinal. Hahafinaritra raha azo lazaina eto daholo nefa ho lava loatra.
Vakio koa « Les cultures et industries indigènes à Madagascar » ao amin' ny *Notes, reconnaissances et explorations* 31 oct. sy 31 déc. 1898, ary 31 sept. sy 31 déc. 1899.

<table>
<tr><td>

CHAPITRE VI.

31. Centres commerciaux. — 1º *Sur la côte,* ce sont, par ordre d'importance : *Tamatave,* qui fait près de la moitié du commerce total de l'île et dont les affaires ont dépassé le chiffre de 12 millions en 1898; *Majunga,* qui pour l'exportation l'emporte sur Tamatave. *Nossi-Bé* et *Diego-Suarez,* ont à peu près la même importance; *Vatomandry* (1) et *Mananjary* de même; ensuite vient *Vohémar,* qui pour l'exportation occupe le troisième rang; puis *Tuléar, Fort-Dauphin, Farafangana, Sainte-Marie, Morondava.*

2º *A l'intérieur,* le commerce n'est vraiment actif que dans l'Imerina autour de *Tananarive :* c'est là que se rendent en grande partie les marchandises importées par Tamatave et Vatomandry. De nombreux marchés qui portent les noms des

</td><td>

TOKO VI.

31. Foibem-pandrantoana. — 1º Any *amoron-tsiraka* dia ireto, ka ny be varotra kokoa no tononina aloha : *Toamasina,* lasany avoko ny antsasaky ny varotra atao eto Madagaskara, ary tamin' ny 1898 dia nihoatra ny 12 tapitrisa francs ny varotra tao; *Majanga,* izay be varotra mivoaka kokoa noho Toamasina. *Nosy-Be* sy *Diego-Suarez* dia mitovitovy; *Vatomandry* (1) sy *Mananjary* toy izany koa; manarakaraka izany *Vohimarina,* izay fahatelo amin' ny varotra mivoaka; *Toleara, Faradofay, Farafangana, Sainte-Marie, Morondava.*

2º Ao *afovoan-tany* dia tsy miasa loatra ny varotra afatsy ao Imerina manodidina an' *Antananarivo :* ao no iantefan' ny ankabiazan' ny entam-barotra miditra ao Toamasina sy Vatomandry. Misy tsena maro mitovy anarana amin' ny andro ao ana-

</td></tr>
</table>

<table>
<tr><td>

jours de la semaine attirent un nombre considérable d'acheteurs; le plus important est celui qui se tient le vendredi (*zoma*) à Tananarive : il n'y a pas moins de 8 à 10.000 personnes qui se pressent à Analakely ce jour-là.

On estime, d'après les taxes perçues en ces divers marchés, en 1898, que le chiffre des affaires s'est élevé à 7.600.000 francs.

Le Betsileo importe pour près d'un million et demi par *Mananjary,* et le marché hebdomadaire de *Fianarantsoa* est assez fréquenté.

Les autres centres de quelque importance, comme *Mandritsara, Ambatondrazaka, Moramanga, Manjakandriana, Arivonimamo, Ankavandra, Soavinandriana, Betafo, Antsirabe, Ambositra, Midongy, Ihosy, Tamotamo,* ne sont guère que de gros villages dans lesquels tout le commerce (sauf en Imerina et dans le Betsileo) se trouve entre les mains de petits colporteurs hovas, indiens ou chinois.

32. Articles d'importation. — Ce sont surtout des objets fabriqués (*tissus de coton, de lin* et autres, *articles de ménage, papier, verroterie, articles de Paris,* etc....) et des matières vé-

</td><td>

tia' ny herinandro alehan' ny mpividy maro be; ny lehibe indrindra dia ny tsena zomà ao Antananarivo; tsy latsaka ny 8 arivo na hatramin' 10.000 ny isan' ny olona mifanesika ao Analakely amin' io andro io.

Hita ara-keviny amin' ny haba avy amin' ireo tsena samihafa ireo tamin' ny 1898 fa tokony ho 7.500.000 francs ny varotra tamin' ireo.

Ny ao Betsileo mampiditra entam-barotra tokony ho ara-keviitry ny iray tapitrisa sy sasany francs avy eo *Mananjary,* ary bebe olona hiany ilay tsena isan-kerinandro ao *Fianarantsoa.*

Ny foibem-pandrantoana lehibebe sasany tahaka any *Mandritsara, Ambatondrazaka, Moramanga, Manjakandriana, Arivonimamo, Ankavandra, Soavinandriana, Betafo, Antsirabe, Ambositra, Midongy, Ihosy, Tamotamo,* dia vohitra bebe olona fotsiny, ary, afatsy ao Imerina sy Betsileo, ny mpitam-banga rehetra ao dia Hova sy Indiana na Sinoà mpanao varo-mandeha.

32. Entam-barotra miditra. — Ny ankabiazany dia taozavatra toy ny *lamba landihazo, somizy rongonim-bazaha* sy ny toy izany, sy *fanaka, taralasy, filaratra, fomban-javatra avy any*

</td></tr>
</table>

<table>
<tr><td>

(1) La peste survenue à Tamatave en 1898 et 1899 a augmenté l'importance de Vatomandry, qui n'a cessé de croître même depuis la disparition du fléau.

</td><td>

(1) Ny areti-mifindra tao Toamasina tamin 'ny taona 1898 sy 1899 dia nampandroso ny any Vatomandry, ka tsy nitsahatra ny faudrosoany na dia efa nitsahatra aza ny aretina.

</td></tr>
</table>

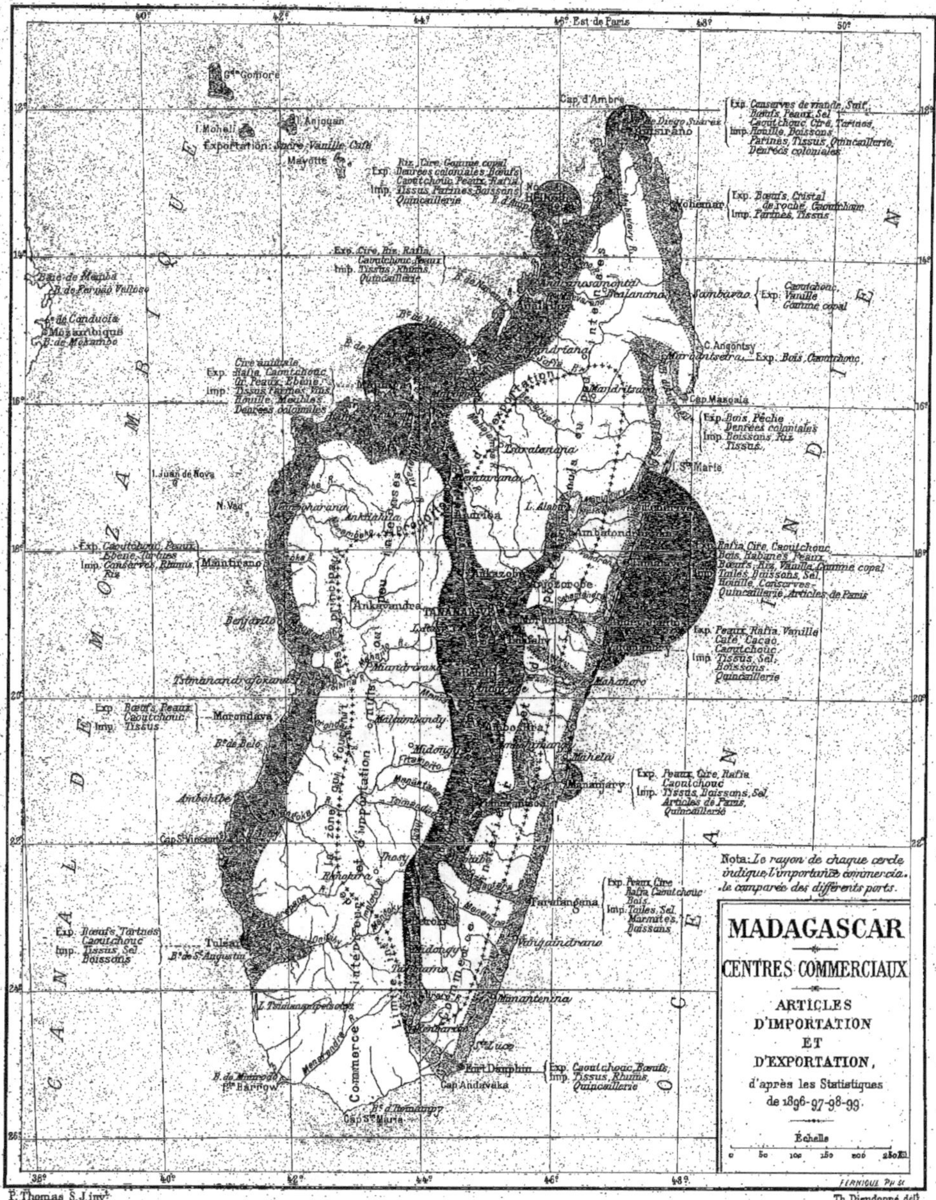
MADAGASCAR
CENTRES COMMERCIAUX
ARTICLES
D'IMPORTATION
ET
D'EXPORTATION,
d'après les Statistiques
de 1896-97-98-99
Échelle
Nota: Le rayon de chaque cercle indique l'importance commerciale comparée des différents ports.
P. Thomas S. J. inv.
Th. Dieudonné del.
FERNIQUE Ph. sc.

gétales et minérales (*vins et eaux-de-vie, riz et farines, houille, pétrole d'Amérique, sel....*)

33. Produits exportés. — Les matières végétales (*caoutchouc, rofia, vanille, girofle, bois d'ébénisterie*) occupent le pre-

Paris, etc.; ary dia ny vokatry ny tany (divay, laodivy, vary sy lafarina, arin-tany, soli-tany avy any Amerika, sira...)

33. Entam-barotra avarina any ivelany. — Ny voka-java-maniry (*fingotra, rofia, vanila, karafoy, hazo fanao rafitra ma-*

mier rang. Ensuite viennent les produits et dépouilles d'animaux (*cire, conserves de viande de bœuf, peaux*), ainsi que les *bœufs vivants* et quelques milliers de *tortues*.

L'exportation de *l'or* a été jusqu'ici peu considérable : environ un seizième de l'exportation totale en 1898; mais elle augmente rapidement chaque année.

dinika) no be indrindra. Dia ny voka-java-miaina indray (*savoka, ombisira, hoditra*) ary koa ny *omby velona* sy ny *sokatra* arivo maromaro eo.

Ny *volamena* navoaka dia kelikely hiany hatramin' izao : tokony ho $^1/_{16}$ ny ara-kovi-bidin-javatra rehetra nivoaka, tamin' ny 1898; nefa mba mihabe be hiany isan-taona.

34. Relations commerciales. — Les principaux pays en relations commerciales avec Madagascar sont par ordre d'importance : la *France* et la *Réunion ;* l'*Angleterre* avec *Maurice* et les *Indes anglaises ;* l'*Allemagne ;* la *Suède* et la *Norvége ;* la *côte orientale d'Afrique*, l'*Amérique*.

35. Lignes de navigation. — 1º Entre la France et Madagascar : les *Messageries maritimes* — les *Chargeurs réunis* — la *Compagnie Havraise péninsulaire*.

2º Entre l'Angleterre et Madagascar : la compagnie *Castle mail*.

3º Entre l'Allemagne et Madagascar : la *Compagnie Est-africaine de Hambourg*.

4º Entre Madagascar et la côte d'Afrique : les *Messageries maritimes* — la *Compagnie Havraise péninsulaire* — la *Castle mail* — la ligne de *Hambourg* — de nombreux boutres arabes.

5º Entre Madagascar et la Réunion et Maurice : les *Messageries* — les *Chargeurs réunis* — la *Castle mail* (1).

34. Fifampitondram-barotra. — Ireto tononina araka ny halehiben' ny varotra ataony avy ny tany lehibe mifampitondra varotra aminy Madagaskara : *Frantsa* sy *Bourbon; Englanda* sy *Morosy* ary *India englisy; Allemagne; Suède* sy *Norvége;* ny *moron-tsiraka atsinanana aminy Afrika; Amerika*.

35. Làlan-tsambo. — 1º Ny mampifandray any Frantsa sy Madagaskara, dia ny *Messageries maritimes* — ny *Chargeurs réunis* — ny *kompanj Havraise péninsulaire*.

2º Ny mampifandray any Madagaskara sy Englanda, dia ny kompanÿ *Castle mail*.

3º Ny mampifandray any Allemagne sy Madagaskara, dia ny kompany *Est-africaine ao Hambourg*.

4º Ny mampifandray any Madagaskara sy ny moron-tsiraky Afrika : dia ny *Messageries maritimes* — ny *kompanÿ Havraise péninsulaire* — ny *Castle mail* — ny *Hambourg* — ary botry arabo betsaka.

5º Ny mampifandray any Madagaskara sy Bourbon sy Morosy : dia ny *Messageries* — ny *Chargeurs réunis* — ny *Castle mail* (1).

Rade de Tamatave.

Quant aux autres pays, ils n'ont avec Madagascar que des rapports rares et irréguliers.

36. Voies de communication. — Deux grandes routes assez peu fréquentées parcourent l'île dans la plus grande partie de sa longueur, partant de la baie d'*Antongil* et se rejoignant à *Fort-Dauphin* après avoir l'une longé la côte et l'autre traversé tout le plateau central (*Mandritsara* — *Anosimboahangy* — *Ambatondrazaka* — *Anjozorobe* — *Tananarive* — *Ambositra* — *Fianarantsoa* — *Ihosy* — *Betroky* — *Tamotamo* — *Fort-Dauphin*).

De cette dernière partent plusieurs ramifications qui relient l'intérieur à la côte ; ce sont les routes de *Mandritsara* à *Analalava* et à *Maroantsetra;* d'*Ambatondrazaka* et *Imerimandroso* à *Fenérive;* la route carrossable, quoique peu fréquentée, de *Tananarive* à *Majunga*, et celles de *Tananarive* à *Tamatave* et à *Vatomandry*, les plus fréquentées de toute l'île ; celle de *Tananarive* et de *Betafo* à *Miandrivazo;* de *Fianarantsoa* à *Morondava* et à *Mananjary;* d'*Ihosy* à *Tuléar* et à *Farafangana*.

Une *ligne télégraphique* suit les principales de ces routes. Un câble jeté en 1895 de Majunga à Mozambique relie Madagascar à l'Europe.

De petits vapeurs des *Messageries maritimes* et des *Chargeurs réunis*, en même temps que des boutres indiens ou arabes, relient entre eux les points plus importants de la côte.

Ny tany sisan' izay dia indraindray foana no mifampitondra varotra aminy Madagaskara.

36. Arabe. — Arabe roa lehibe vitsivitsy mpandalo no mamaky ny tandavany Madagaskara hatrany amin' ny helodranony *Antongily* ka hatrany *Faradofay;* ny iray manara-tsiraka, ny iray mamaky ny tampo-tanety afovoany (*Mandritsara* — *Anosimbouhangy* — *Ambatondrazaka* — *Anjozorobe* — *Antananarivo* — *Ambositra* — *Fianarantsoa* — *Ihosy* — *Betroky* — *Tamotamo* — *Faradofay*).

Io faharoa io dia misampantsampana mankany amoron-tsiraka : dia ny eo *Mandritsara* mankany *Analalava* sy *Maroantsetra;* ny avy eo *Ambatondrazaka* sy *Imerimandroso* mankany *Fenoarivo;* ny làlana falelian-tsarety, nefa vitsy mpandalo, avy any *Antananarivo* mankany *Mojanga*, sy ny avy eo *Antananarivo* mankany *Toamasina* sy *Vatomandry*, izay be mpandalo, indrindra; ny avy eo *Antananarivo* sy *Betafo* mankany *Miandrivazo;* ny avy eo *Fianarantsoa* mankany *Amorondava* sy *Mananjary;* ny avy eo *Ihosy* mankany *Toleara* sy *Farafangana*.

Ny lehibebe amin' ireo làlana ireo dia arahin' ny *taribin-telegrafy*. Taribin-telegrafy nalatsaka an-dranomasina tamin' ny taona 1895 hatreo Mojanga ka hatrany Masombika mampikambana any Madagaskara sy Eoropa.

---

(1) Tous ces services sont mensuels; seules les *Messageries* ont organisé un courrier semi-mensuel.

(1) Tafaverina isam-bolana avy ireo, ny *Messageries* tokana no indroa isam-bolana.

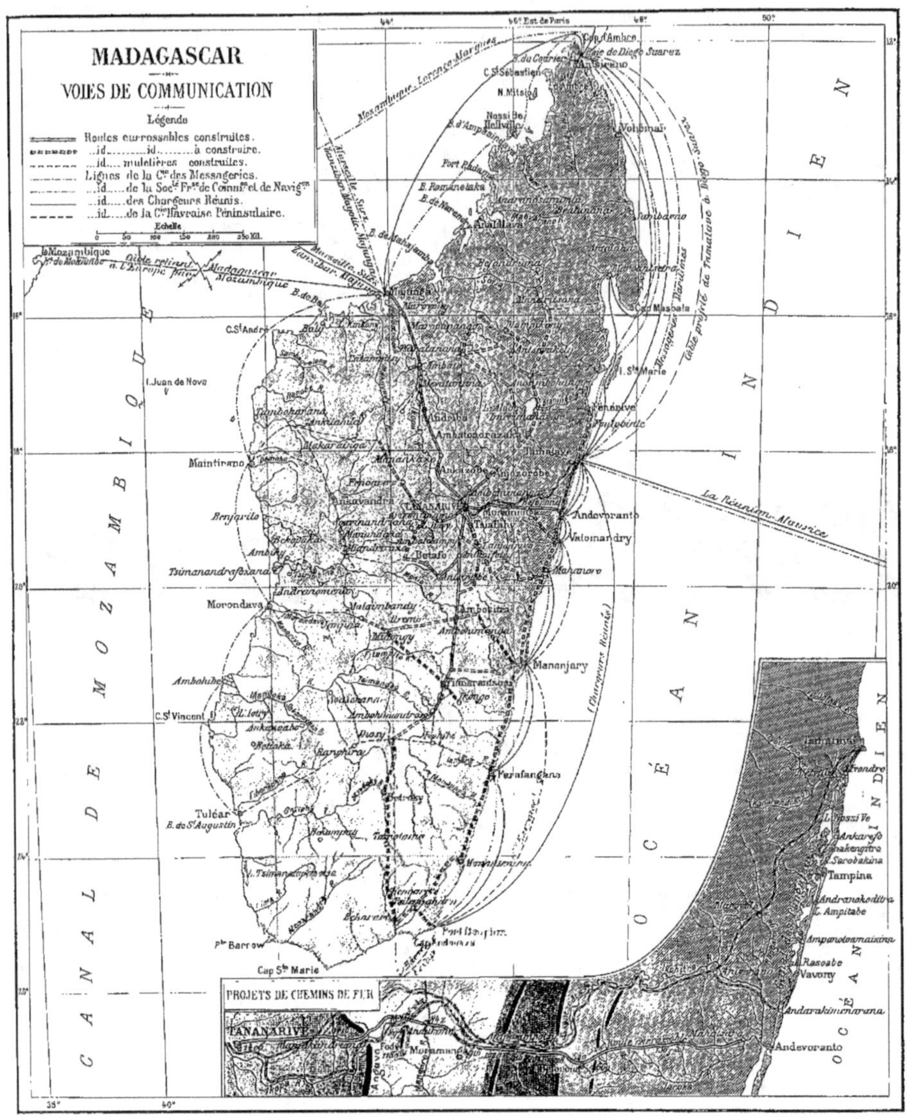
MADAGASCAR
VOIES DE COMMUNICATION
Légende
Routes carrossables construites.
...id..........id.........à construire.
...id.... muletières construites.
Lignes de la Cie des Messageries.
...id....de la Socté Frçe de Comme et de Navigon.
...id....des Chargeurs Réunis.
...id....de la Cie Havraise Péninsulaire.
Echelle
OCÉAN INDIEN
CANAL DE MOZAMBIQUE
PROJETS DE CHEMINS DE FER
TANANARIVE

37. Moyens de transport. — Sur certaines routes les transports pourraient se faire en voiture durant la saison sèche; mais jusqu'ici presque tous se font à dos d'homme. Environ 6.000 porteurs quittent chaque mois Tananarive se dirigeant pour la plupart vers Vatomandry, Andévorante ou Tamatave.

37. Fomba fampitondrana entana. — Raha main-tany dia tokony ho azo atao ny mitatitra ny entana amin' ny kalesy; nefa hatramin' izao dia taterin' olona hiany ny entana. Tokony ho 6.000 isam-bolana ny isan' ny mpitondra entana miala eo Antananarivo ka ny ankabiazany dia mankany Vatomandry, Andevoranto na Toamasina.

Questionnaire. — 31. Quelles sont les villes les plus commerçantes de Madagascar? — 32. Quels sont les principaux articles d'importation à Madagascar? — 33. Quels sont les principaux produits exportés par Madagascar? — 34 Quels sont les principaux pays en relations commerciales avec Madagascar? — 35. Quelles sont les principales lignes de navigation entre Madagascar et les pays étrangers? — 36. Quelles sont les principales voies de communication à Madagascar? — 37. Comment s'effectuent les transports à Madagascar?

Fanontaniana. — 31. Iza avy no tanàna be varotra indrindrany Madagaskara? — 32. Inona avy no entam-barotra vaventiventy miditra eto Madagaskara? — 33. Inona avy no entam-barotra lehibebe avarina any ivelany Madagaskara? — 34. Iza avy no tany mifampitondra varotra aminy Madagaskara? — 35. Aiza avy ny làlan-tsambo mampifandray any Madagaskara sy ny tany hafa? — 36. Lazao avy ny arabe fifanatonana eto Madagaskara. — 37. Atao ahoana no fitondra ny entana eto Madagaskara?

LECTURES.

1° Statistiques des importations et exportations.

1. Tableau des importations et exportations par ports

HOVAKINA.

1° Ny varotra niditra sy ny nivoaka.

1. Ny varotra niditra sy ny nivoaka amin' ny seranana

NOMS DES PORTS	1898	1899	DIFFÉRENCE	PART PROPORTION. (1899)	ANARAN-TSERANANA
Tamatave	12.899.482 fr	12.988.651	+ 584.169	36,10	Toamasina
Majunga	4.643.140	7.627.757	+ 2.984.617	21,21	Mojanga
Nossi-Bé	2.106.373	3.362.533	+ 1.256.160	9,35	Nosy Be
Diego-Suarez	2.030.531	3.236.672	+ 1.206.141	9,00	Antsirano
Vatomandry	1.578.153	3.049.664	+ 1.471.511	8,48	Vatomandry
Mananjary	1.749.056	2.585.741	+ 836.685	7,19	Mananjary
Tuléar	682.606	1.136.432	+ 453.826	3,16	Toleara
Vohémar	692.048	1.086.083	+ 394.035	3,02	Vohimarina
Fort-Dauphin	542.484	433.354	— 109.130	1,25	Faradofay
Morondava	112.955	140.256	+ 27.301	0,39	Morondava
Sainte-Marie	59.395	124.274	+ 62.879	0,34	Nosy Boraha
Autres ports	206.143	198.606	— 7.537	0,51	Seranana hafa
TOTAL	26.602.866	35.963.023	+ 9.360.657	100,00	TONTALY

2. Tableau des importations et exportations par pays d'origine et de destination

2. Ny varotra niditra sy nivoaka araka ny tany nihiaviany sy nalehany

NOMS DES PAYS	IMPORTATIONS.			EXPORTATIONS.			ANARAN' NY TANY
	1898	1899	DIFFÉRENCE.	1898	1899	DIFFÉRENCE.	
France..................	17.029.655	22.746.127	+ 5.716.472	1.867.301	4.838.292	+ 2.970.991	........Frantsa.
Colonies françaises........	1.130.166	1.514.670	+ 384.504	464.026	606.843	+ 142.817	....Zana-tany frantsay.
Angleterre	1.047.713	1.294.562	+ 246.849	762.512	444.412	— 318.100	.......Englanda.
Colonies anglaises........	844.533	332.468	— 512.065	513.703	507.077	— 6.626	....Zana-tany englisy.
Allemagne	435.911	441.899	+ 5.988	1.052.154	1.430.138	+ 377.984	........Germania.
Côtes d'Afrique...........	318.541	348.197	+ 29.656	179.118	105.965	— 73.153	...Moron-tsiraky Afrika.
Autres pays.............	821.298	1.238.691	+ 417.398	115.735	113.680	— 2.055	........Tany hafa.
Total............	21.627.817	27.916.614	+ 6.288.797	4.974.549	8.046.408	+ 3.071.859	.... Tontaly.

3. Tableau des importations et exportations par groupes de marchandises.

3. Ny varotra niditra sy ny nivoaka tafatambatra isan-karazana.

NATURE DES MARCHANDISES.	IMPORTATIONS. — VAROTRA NIDITRA.			EXPORTATIONS. — VAROTRA NIVOAKA.			KARAZAM-BAROTRA.
	1898	1899	DIFFÉRENCE.	1898	1899	DIFFÉRENCE.	
I. *Matières animales.*							I. *Momba ny biby.*
Animaux vivants.........	7.805	2.946	— 4.859	663.822	851.674	+ 187.854	.......Biby velona.
Produits et dépouilles d'an.	456.153	1.147.869	+ 691.216	1.388.874	1.498.897	+ 160.023	..Hoditra sy zav. sasany.
II. *Matières végétales.*							II. *M. ny zava-maniry.*
Farineux alimentaires	1.830.236	2.536.721	+ 706.485	252.691	299.142	+ 46.451	........Lafarina.
Denrées coloniales	607.269	1.054.360	+ 447.091	134.598	260.373	+ 125.775	..Vokatry ny tany mafana.
Huiles et caoutchouc......	204.407	395.615	+ 191.208	1.313.437	2.270.607	+ 957.170	...Ditin-kazo (fingotra).
Bois..................	490.322	397.812	— 92.510	130.461	71.566	— 58.895	..........Hazo.
Fil et rofia..............	4.661	127.721	+ 123.060	588.308	1.539.848	+ 956.540	......Foly sy rofia.
Boissons	2.909.700	4.983.318	+ 2.073.618	1.143	285	— 858	.......Zava-pisotro.
III. *Matières minérales.*							III. *Zav. avy anaty tany.*
Houille.................	678.866	176.368	— 502.498	69	0	— 69	........Arin-tany.
Métaux (fer, or)..........	462.048	526.713	+ 64.665	350.749	1.071.026	+ 720.277	..Metaly (vy, volamena).
IV. *Objets fabriqués.*							IV. *Taozavatra.*
Tissus.................	8.549.165	9.609.478	+ 1.060.318	2.914	16.896	+ 13.982	........Lamba.
Ouvrages en métaux	1.763.782	2.535.146	+ 771.364	0	2.781	+ 2.781	....Taozav.-metaly.
Papier................	208.082	349.841	+ 141.759	0	0	0	.......Taratasy.
Objets divers............	2.999.922	4.073.206	+ 1.073.284	108.028	163.316	+ 55.290	......Zav. samihafa.
Total............	21.627.817	27.916.614	+ 6.288.797	4.974.549	8.046.408	+ 8.071.859	.... Tontaly.

2° Le Bourjane. — « De race mozambique ou nègre pour la plupart, les borizano sont fortement bâtis; leurs épaules portent souvent une excroissance charnue. Sur leur corps, il n'est point rare de voir des taches d'un noir foncé dues à des maladies.

« Leur costume est des plus simples. Une chemise courte faite de rabane ou de grosse toile et qu'on nomme *akanjo*; par-dessous, le pagne traditionnel autour des reins; par dessus, leur lamba roulé en manière de ceinture. Une poche est ménagée dans le dos de l'akanjo; le porteur y place sa cuiller de corne et les quelques bibelots (assiettes, plats émaillés, etc...) achetés à Tamatave et qu'il revendra trois fois plus cher à Tananarive. C'est une des rares distractions accordées au voyageur d'entendre tout ce cliquetis sur le dos de ses porteurs.

« Un grand chapeau de paille de riz couronne le chef du borizano. Il sert à bien des usages : à les couvrir d'abord; puis, à contenir du riz, du manioc, des patates. Chacun reçoit sa portion dans son chapeau et pique dans ce plat improvisé. En passant près d'une mare, le chapeau fait fonction de filtre. On conçoit qu'un chapeau de borizano soit, à la suite de ces divers services, étrangement conformé.

2° Ny borizano. — « Ny borizano izay karazan' olo-mainty ny ankabiazany, dia olona matanjaka; matetika eo an-tsorony misy trafo. Amin' ny tenan' ny ankabiazany, misy pentina efa mainty ngizina avy amin' ny aretina.

« Tsotra indrindra ny fitafiany : akanjo fohy rofia na rongony; ao anatiny dia ny salaka; eo ambony dia sikinana ny lamba. Ao amin' ny sorok' akanjo misy paosy; ao no fasiany ny sotro-tandroka fihinanany sy ny entana madinika (lovia bakoly, na lovia vy, etc.) vidiny any Toamasina ka amidiny avo roa toko any Antananarivo. Eisy! ny fabafinaretan' ny vazaha avy any an-dafy mahare ny fikorintsan' ireo korontana ireo ao an-damosin' ny mpilanjany!

« Farany satroka be sofina no azy izeny. Be ny asan' io satroka io : voalohany isatrohana, dia fasiana vary, mangahazo, vomanga. Samy mandray ny anjarany amin' ny satrony avy, dia samy mamango amin' io vilia hafahafa io. Raha misy dobo andalovana, ny satroka no atao filitra. Hafahafa endrika ery ny satroky ny borizano noho izany asa samihafa atao aminy izany.

« S'ils prévoient que le village où ils feront halte n'aura point de riz les porteurs emportent leur provision de riz et de viande bouillie dans un pli de leur lamba. Le peu d'argent qu'ils conservent sur eux, est soigneusement caché dans quelque coin du pagne intime (*salaka* qui leur couvre les reins.

« Un pli du lamba recèle aussi leur tabatière. Car tout bourjane, tout Malgache a sa tabatière, et depuis Sa Majesté Ranavalona III jusqu'aux esclaves tout Malgache chique... Quand notre bourjane veut s'accorder un petit réconfort, il débouche sa tabatière, verse à coups comptés dans sa main gauche la précieuse poudre, en verse aussi sur la paume du voisin qui se tend, puis, d'un trait glisse la dose entre sa lèvre inférieure et sa gencive...

« Les borizano sont de gais compagnons, heureux de vivre, contents d'une vie nomade qui plaît à leur inconstance; ils sont parfois un peu buveurs de rhum. Ils se font un point d'honneur d'être fidèles à celui qui les loue; ils le soignent avec attention, et s'il est condescendant, ils lui prodiguent leurs bons offices. » (COLIN et SUAU, S. J. *Madagascar et la Mission catholique*, p. 187.)

« Raha fantany fa tsy hisy vary ny tanàna fijanonana, dia mitondra vary sy hena masaka an-dani-lamba izy. Ny vola tahiriziny eny aminy dia mifono tsara any an-dani-salaka any.

« Eny an-joron-dambany koa no misy paosy fitoeran-tongobolo. Ny borizano rehetra, saiky ny Malagasy rehetra tsy misy tsy manan-tongobolo, ary hatramin-dRanavalomanjaka III ka hatramin' ny andevo aza dia homam-paraky... Nony efa te-haka aina kely ny borizano, sokafany ny tongobolony, dia atoratorany kely eo am-pelatànany havia ity vovo-javatra maminy, dia rarahany kely koa eo ampelatànan' izay eo akaiky efa mananty; dia indray akaretsany ao ambany molotra...

« Ny borizano dia mpisariadriaka, tsy sasatry ny miaina, mahafaly azy tsy mba mahatombina indrindra ny fivezivezena; indraindray izy mpietro kely hiany. Ataony fahafaham-baraka ho azy ny mamadika izay manakarama azy; tsara ery ny fitondrany azy, ary raha sendra malemy fanahy io, dia ataony fatratra ery ny fikarakarany azy. »

CHAPITRE VII.

POPULATION — GOUVERNEMENT — JUSTICE — IMPÔTS — PRESTA-
TIONS - SERVICE MILITAIRE — ENSEIGNEMENT — RELIGION.

38. Population. — D'après les dernières statistiques officiel-
les, le nombre de la population n'atteindrait pas tout à fait 2 mil-
lions et demi; et les deux races hova et betsileo formeraient à
elles seules la moitié de la population de l'île entière (1).

39. Races. — 1° Sur les côtes, vivent : au nord les *Antanka-
rana*; - à l'est, les *Betsimisaraka*, les *Antaifasy* et les *Antano-
sy*; — au sud, les *Antandroy* et les *Mahafaly*; — à l'ouest, les
Sakalava, partagés en un grand nombre de tribus.

2° A l'intérieur sont : les *Tsimihety*, les *Antsihanaka*, les *Hova*,

Femme Betsiléo.

les *Bezanozano*, les *Betsileo*, les *Tanala*, les *Bara* et les *Antai-
vondro*.

40. Forme du gouvernement. — Madagascar, déclaré *colo-
nie française* le 6 août 1896, a été administré par un résident
général qui, depuis le 30 juillet 1897, porte le titre de *Gouverneur
général*, et qui est le dépositaire de tous les pouvoirs de la Ré-
publique française dans l'île et ses dépendances.

Au point de vue administratif. « Madagascar est divisé en un
certain nombre de circonscriptions territoriales, répondant au-

TOKO VII.

NY MPONINA AO MADAGASKARA — NY FANJAKANA — FITSARANA
— HETRA — FANOMPOANA — FILATSABANA HO MIARAMILA —
FAMPIANARANA — FIVAVAHANA.

38. Isam-ponina. — Araka ny fanisana vao nataon' ny fanja-
kana vao haingana, dia tokony ho 2 tapitrisa mahery ny mponina
eto, ary saiky Hova sy Betsileo daholo ny antsasany (1).

39. Karakam-bahoaza. — 1° Ny any amoron-tsiraka, dia ny
Antankarana any amin' ny lafiny avaratra; — ny *Betsimisara-
ka*, ny *Antaifasy* ary ny *Antanosy* any amin' ny lavany atsina-
nana: — ny *Antandroy* sy ny *Mahafaly* any amin' ny tapany
atsimo; — ary ny *Sakalava* izay mizara ho fokom-pirenena maro
any amin' ny lafiny andrefana.

2° Ny ao ampovoany, dia ny *Tsimihety*, ny *Antsihanaka*, ny

Femme Betsiléo.

Hova, ny *Bezanozano*, ny *Betsileo*, ny *Tanala*, ny *Bara* ary ny
Antaivondro.

40. Fanaovam-draharaham-panjakana. — Tamin' ny
6 août 1896 no nilazana fa *zana-tany frantsay* Madagaskara, ka
résident général no nanapaka azy aloha; fa nony tamin'ny 30
juillet 1897 dia natao *Gouverneur général* io résident io sady no-
men' ny Repoblika frantsay ny fahefana rehetra amin' ny nosy
Madagaskara sy ny momba azy.

Amin' ny momba ny fanapahana kosa, « dia voazara ho fizara-
na maromaro Madagaskara ka ny isam-pirenena dia nokendrena

(1) D'après l'*Annuaire* de Madagascar (année 1900), voici les chiffres de la population dans chacune des régions administratives de cette époque :

Côte orientale		Côte ouest		Plateau central	
Diego-Suarez	7.800	Grande Terre	20.000	Maevatanana	9.009
Vohémar	45.000	Nossi-Bé	9.000	Ankazobe	63.033
Maroantsetra	32.000	Analalava	32.712	1er territoire militaire	211.055
Fénérive	76.900	Mandritsara	18.235	Tananarive (ville et prov.)	260.000
Sainte-Marie	5.213	Majunga	23.000	Arivonimamo	192.564
Tamatave	19.110	Betandraka	6.500	Miarinarivo	55.600
Betsimisaraka du sud	116.812	Mahavavy	(30.000 ?)	Betafo	99.274
Mananjary	39.725	Territoire sakalave	(40.000 ?)	Ambositra	98.821
Farafangana	130.000	Tuléar	40.000	Fianarantsoa	(300.000 ?)
Fort-Dauphin	50.000	Mahafaly	(30.000?)	Bara	65.000
TOTAL	362.626	TOTAL	249.447	TOTAL	1.354.946

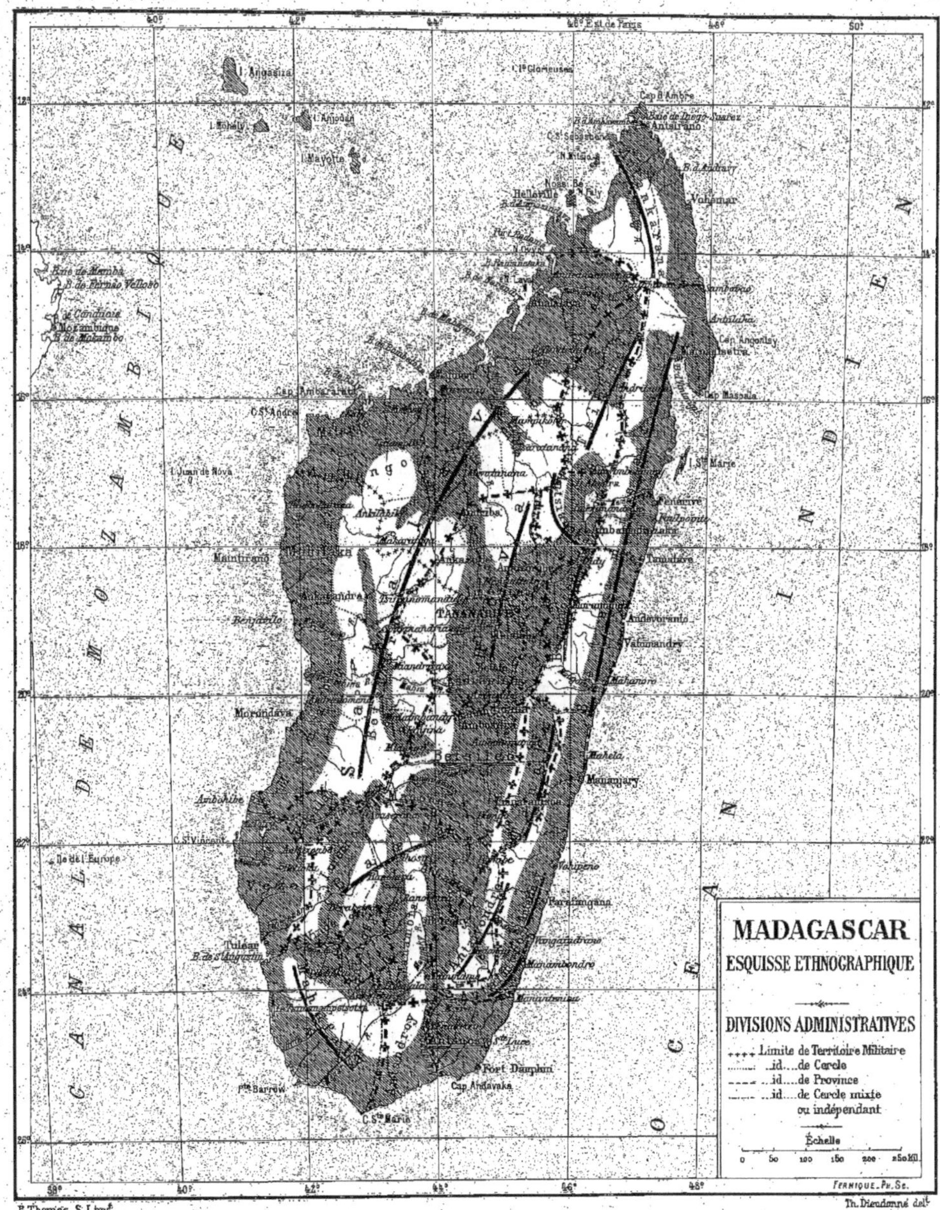

P. Thomas S.J. inv.

Th. Dieudonné del.

tant que possible à des groupements ethniques distincts; elles portent le nom de *provinces* ou de *cercles* suivant qu'elles sont placées sous le régime de l'administration civile ou sous celui de l'autorité militaire. Un administrateur colonial est placé à la tête de chaque province divisée elle-même en *districts*. Chaque cercle est commandé par un officier du grade de chef de bataillon ou de capitaine et est divisé en secteurs.... Les cercles ont été groupés en *territoires militaires* placés chacun sous le commandement d'un officier supérieur (1). »

Les principales villes ont été érigées en *communes* et sont administrées par un *maire*.

Des *gouverneurs malgaches* aident l'administrateur civil ou le commandant militaire : ce sont les anciens chefs ou roitelets qu'on investit de ces fonctions partout où leur autorité ne constitue pas un danger pour la cause française.

41. Justice. — Les tribunaux s'échelonnent comme il suit :

1° Le *tribunal de conciliation*, qui arrange sans frais et à l'amiable les affaires survenues entre indigènes.

2° Le *tribunal du 1er degré*, établi au chef-lieu de chaque subdivision de province ou de cercle, de district ou de secteur. Ce tribunal est présidé par le chef français qui est à la tête de la subdivision territoriale, aidé de deux assesseurs malgaches.

3° Le *tribunal du 2e degré*, établi au chef-lieu de chaque province ou cercle. Il est présidé par l'administrateur ou le commandant de cercle assisté de deux assesseurs malgaches.

4° La *cour d'appel* de Tananarive, dont les magistrats s'adjoignent deux assesseurs malgaches n'ayant que voix consultative.

Les arrêts du tribunal de conciliation sont dépourvus de sanction et ne deviennent exécutoires que du consentement des parties opposées.

42. Impôts. — L'impôt varie suivant la richesse et la situation politique des provinces. Dans les pays où l'argent est rare, on le paie en nature (riz ou bœufs). Le plus souvent il est personnel; dans certains cas pourtant il est collectif, et le village doit fournir un nombre de bœufs proportionnel au nombre de ses habitants.

En Imerina, les **contributions directes** comprennent :

1° la *taxe personnelle* payable par tout homme à partir de 16 ans; 2° l'impôt des *célibataires* qui atteint l'homme à 25 ans et la femme à 21 ; 3° l'impôt des *rizières*; 4° l'impôt sur les *maisons;* 5° l'impôt des *patentes* (pour la fabrication et la vente de l'eau de vie, etc...) (2)

A cela s'ajoutent les *revenus des domaines* (concessions à titre onéreux, immatriculations), *des mines* et *des forêts*.

Au nombre des **contributions indirectes** il faut ranger les *droits d'abattage* et *de marché* qui, dans le seul cercle de Tananarive, ont rapporté 300.000 fr. en 1898 et les *droits de douane*.

43. Service militaire. — L'obligation du service militaire ne sera étendue à toute l'île que peu à peu et suivant les progrès de la pacification. En Imerina, tout homme valide âgé de 21 ans doit *5 ans de service*. On peut s'exempter en tout ou en partie en payant de 50 à 150 francs.

44. Enseignement. — L'enseignement est donné dans les écoles officielles et les écoles libres ou privées. Les anciennes

ho fizarana iray avy. Raha borozano no mifehy ireo fizaran-tany ireo, dia atao hoe *province* no anarany; fa raha miaramila no mifehy azy, dia atao hoe *cercle* izy. Mpifehy zana-tany iray avy no mifehy ny isam-province ka io province io indray dia voazara ho *districts*. Isaky ny cercle kosa dia fehezin' ny manamboninahitra *chef de bataillon* na kapiteny, ka isaky ny cercle indray dia mizarazara ho *secteurs*. Ireo cercles ireo dia nakambakambana kosa ho *territoires militaires* fehezin' ny manamboninahitra ambony iray avy (1). »

Ny tanàna lehibe dia natao *communes* (fokon' olona) ka *maire* (lehiben' ny tanàna) no mifehy azy.

Misy *governora malagasy* manampy izany mpifehy izany, ka ireo Malagasy ireo dia irony lehibe na andriana taloha hiany raha hita fa tsy hisalovana any Frantsa izany fahefana omeny azy izany.

41. Fitsarana. — Toy izao no firindrany :

1° Ao ny *tribunal de conciliation*, fanamboarana ny adin'ny samy Malagasy sady tsy andoavam-bola no atao amim-pitiavana.

2° Ao ny *tribunal de 1er degré* amin'ny renivohitry ny isam-pizaran-tany na isaky ny fizaran' ny cercle. Ny vazaha lehiben' ny isam-pizaran-tany hiany no mpitsara ary Malagasy roa lahy no lefiny manampy azy.

3° Ao indray ny *tribunal de 2e degré* ao amin'ny renivohitry ny isam-pizaran-tany na ny cercle. Ny mpifehy amin' ny isampizaran-tany hiany na ny lehiben' ny cercle no mitsara (président); Malagasy roa no lefiny.

4° Ao ny *cour d'appel* (fitsarana ambony), ao Antananarivo; misy Malagasy roa manampy, nefa mpanolo-tsaina fotsiny.

Amin' ny didy ataon' ny *tribunal de conciliation* dia tsy mba misy sazy ary tsy maintsy eken'ny andaniny roa vao hotanterahina.

42. Hetra. — Miova araka ny harena sy ny toetoetry ny isampizaran-tany ny hetra. Any amin' ny tany tsy be vola loatra, dia vary na omby no alaina. Amin' ny ankapobeny dia tsy maintsy samy mandoa isam-batan' olona, kanefa indraindray dia ikambanam-be, ka isan-tanàna tsy maintsy mandoa omby ara-kevitry ny isan' ny mponina ao.

Izao no hetra aloa ao Imerina :

1° *ny vidin' aina* izay tsy maintsy haloan' ny lehilahy 16 taona noho miakatra; 2° ny hetra haloan' ny *tsy manam-bady :* ny lehilahy rahefa 25 taona ary ny vehivavy kosa rahefa 21; 3° ny hetra amin'ny *tanimbary;* 4° ny amin' ny *trano;* 5° ny haba haloan'ny *mpivarotra* (toy ny fanaovana sy ny fivarotana laodivy, etc.) (2).

Fanampin'izany koa ny vola avy amin' ny *tanim-panjakana* sy ny *fanoratana tany* amin'ny bokim-panjakana, ary ny vola avy amin' ny *metaly* sy ny *ala*.

Anisan' ny hajia miditra koa ny vola avy amin' ny *famonoambiby* sy avy amin' ny *tsena*, izay nahazoana ariary 60.000 tao amin'ny faritanin' Antananarivo tamin' ny taona 1898, ary koa ny vola amin' ny *ladoany*.

43. Fakana miaramila. — Ny fakana miaramila amin' ny nosy manontolo dia hatao miandalandalana araka ny fandrian' ny tany. Ny ao Imerina dia tsy maintsy ho *miaramila 5 taona* ny vatan-dehilahy rehetra nahatratra 21 taona. Ariary 10 ka hatramin' ny 30 no mahafaka tsy ho miaramila.

44. Fampianarana. — Misy sekolim-panjakana sy sekoly hafa. Nofoanana ilay didy malagasy fahiny mandrara tsy hifindra fia-

Prince Bara.

---

(1) (*Annuaire de Madagascar*, année 1899, p. 201).
(2) La taxe personnelle est de 5 fr. dans toute l'étendue de l'île.
En Imerina l'impôt des célibataires est de 15 fr. pour les hommes, de 7. fr. 50 pour les femmes; l'impôt des rizières, de 0 fr. 15 par are; l'impôt des maisons, de 1 fr. 50 pour les maisons sans étage, et de 2 fr. pour les autres (Tananarive a un règlement particulier).

(1) *Annuaire de Madagascar*, tamin' ny taona 1899, p. 201.
(2) Ariary no vidin' aina amin' ny nosy manontolo.
Ao Imerina ny lehilahy tsy manam-bady mandoa 15 fr. ary ny vehivavy 7 fr. 50; ny tanimbary dia 0 fr. 15 isaky ny *are* (folo metatra sokera); ny trano tsy misy rihana dia 1 fr. 50 ary ny misy dia 2 fr. (misy lalàna hafa ny trano ao Antananarivo).

lois malgaches qui défendaient de passer d'une école dans une autre ont été supprimées, de sorte qu'on peut aller à l'école qu'on veut ou en sortir quand on veut, sans que personne y puisse mettre obstacle.

L'enseignement comprend trois degrés correspondant à trois différentes catégories d'écoles :

1° Les écoles *rurales*, dont les programmes comportent l'enseignement du malgache et du français, de l'arithmétique, de l'agriculture et des arts et métiers plus nécessaires ou plus connus dans le pays ;

2° Les écoles *régionales*, plus spécialement destinées à former des ouvriers ;

3° Les écoles *supérieures*, où, à un enseignement plus approfondi du français l'on ajoute l'enseignement du commerce, de l'industrie et de toutes les sciences pratiques (1).

45. Religion. — L'île de Madagascar est partagée en trois vicariats apostoliques dont les centres sont Majunga, Tananarive, Fort-Dauphin.

46. — Il y a aussi plusieurs confessions *protestantes* : les Indépendants, les Anglicans, les Quakers, les Luthériens de Norvège, et les Calvinistes français.

47. — Dans les pays où les missionnaires n'ont pas pénétré, les Malgaches sont monothéistes et ont très souvent à la bouche le nom du Créateur ; mais cette croyance vague n'a aucune influence sur leur vie morale.

Au culte d'un Dieu unique et créateur ils mêlent un fétichisme grossier ; ils portent des amulettes, consultent les sorciers, ont des jours fastes et néfastes ; ils ont pour les morts un culte superstitieux.

Certaines pratiques comme la circoncision qui est en usage dans toute l'île, même en Imerina, et l'abstention de la viande de porc particulière aux Antaimoro et à quelques autres petites tribus, sont des traces des invasions arabes.

(1) Voici la statistique des écoles de Madagascar en 1900 :

Misy telo ny ambaratongam-pampianarana, ary telo karazana ny trano fianarana :

1° Ny trano sekoly *rurals* (any ambanivohitra), izay ampianarana teny malagasy sy teny frantsay, marika, fambolena ary ny taozavatra fanao indrindra eto ;

2° Ny sekoly *régionales* (izam-pizaran-tany), izay ampianarana indrindra ny ho mpiasa ;

3° Ny sekoly *supérieures* (ambony), izay ampianarana lalina ny teny frantsay sy ampianarana ny varotra, ny taozavatra ary ny fahaizana sasany (1).

45. Fivavahana. — Voazara ho telo toko misy Eveka avy Madagaskara ; Mojanga sy Antananarivo ary Faradofay no foibeny.

46. — Misy koa fivavahana *protestanta* maro : ny Independenta, ny Anglikana, ny Sakaiza, ny Loteriana avy any Norvège. sy ny Calvinistes frantsay.

47. — Any amin'ny tany tsy misy misionary kosa, ny Malagasy dia mino an 'Andriamanitra tokana ka tononiny matetika ny anaran' ny Nahary ; nefa finoana fotsiny izany, fa tsy anatsarany ny fitondran-tenany.

Sady mivavaka amin' Andriamanitra tokana sy Nahary izy no manompo sampy koa ; mitana ody izy, manontany ny mpisikidy, manandro ary toa mivavaka amin' ny razana.

Ny fomba sasany toy ny famorana, izay fanao amin' ny nosy manóntolo, na any Imerina aza, sy ny fifadian-kenan-kisoa izay fanaon' ny Taimoro sy ny firenena hafa sasany, dia avy amin' ny Arabo tonga teto.

(1) Izao no isan' ny Sekoly teto Madagaskara tamin' ny taona 1900 :

ENSEIGNEMENT	RAPPORT DU GÉNÉRAL PENNEQUIN		ANNUAIRE DE MADAGASCAR (1900)		FAMPIANÁRANA
	ÉCOLES	ÉLÈVES	ÉCOLES	ÉLÈVES	
Officiel	212	19.595	?	?	.....Ny Fanjakana
Catholique (1)	1.295	99.262	2.648	112.226	. Ny Katolika (1)
Protestant — Calvinistes (2)	461	31.650	1.123	61.799	.....Kalvinista (2) — Ny Protestanta
L. M. S.	73	5.773	?	?	.....Independenta
F. F. M. A.	86	6.995	205	18.318	.....Sakaiza
Anglicans	107	6.425	116	7.188	.....Anglikana
Norwégiens	892	45.409	866	41.210	.....Norvegiana
Luthériens d'Amérique	?	?	44	958	.....Amerikana

(1) Les chiffres de l'*Annuaire* sont assez différents de ceux du rapport du général Pennequin ; ils sont les plus exacts et ne comprennent que les écoles du vicariat central.

(2) Les calvinistes français ont, depuis l'établissement de ces statistiques, rendu à la *Société des Missionnaires de Londres* la plus grande partie de leurs écoles.

LECTURES.

1° La justice par le tanghen. — Chez les peuples du centre de Madagascar, l'épreuve du jugement de Dieu consistait primitivement à plonger le bras dans un bassin rempli d'eau bouillante, et à extraire un caillou rond placé au fond. Le bras brûlé ou intact prouvait, croyait-on, la culpabilité ou l'innocence d'un accusé.

Dans leurs relations avec les tribus du littoral, les Hova apprirent bientôt leur procédé judiciaire opéré sur les animaux avec le tanghen et ils ne tardèrent pas à adopter cette coutume moins barbare.

Un certain Andrianantoarivo, vainqueur du pays des Vonizongo, fut, dit-on, le premier qui appliqua ce poison aux hommes.

HOVAKINA.

1° Ny Fampinomana. — Talohan' ny nampiasana ny tangena, hono, dia toy izao no fomban' ny olona teto ampovoany Madagaskara : raha misy olona anankiray tiany ho fantatra na meloka na tsy manantsiny, dia asainy maka vato kilonjy apetraka ao anaty vilany feno rano mangotraka ; ka raha may, hono, dia meloka, fa raha tsy may dia tsy manan-tsiny.

Nony efa nifankahazo tamin' ny mponina tany amoron-dranomasina ny olona teto, dia nahazo fomba hafa indray, ka biby no nampisotroiny tangena hahitany izay marina sy meloka.

Izany lehilahy atao hoe : Andrianantoarivo, nanjaka tany Vonizongo, hono, no voalohany nampisotro tangena ny olona.

Famille hova.

L'épreuve se faisait avec une sorte de cérémonial imposant, propre à impressionner les gens simples et les ignorants.

Et d'abord un noble de la caste des Andriamasinavalona se rend au lieu de résidence de l'inculpé ou des inculpés, et il convoque à la porte du village toute la population, esclaves compris.

Tous tiennent en main un caillou qui représente tel coupable. L'un après l'autre, ils défilent devant le juge, lui désignent à voix basse l'individu compromis et lui remettent la pierre. Autant de tas de cailloux, autant d'individus coupables qui devront se justifier.

Huit jours plus tard on annonce publiquement que le lendemain de grand matin chaque coupable recevra son mandat d'arrêt. Les aides opérateurs du juge arrivent la veille dans le village après le coucher du soleil et font leur entrée au milieu de cette sérénade peu égayante : *Excuse:-nous, ô vous tous qui serez atteints par le tanghen, ne vous mettez pas en colère.*

Au chant du coq le juge qui prend maintenant le nom de *mpano-zon-doha* (qui fait agiter les têtes), parcourt les rues avec sa suite. Il

Ny fampinomana ny olona dia nisy fomba izay mety bahataitra ny bodo sy ny adala.

Nony tonga ny fotoana, dia nisy andriamasinavalona anankiray nankao amin' ny vohitra onenan' izay natao ho meloka, ka niantso ny vahoaka rehetra ao an-tanána, hatramin' ny andevo no ho miankatra, hivory eo am-bavahady.

Samy miyimbina vato kely avy ny olona ho solon' izay olon-dratsy tondroiny. Ary mifandimby mankeo amin' ny mpanozon-doha izy ireo, ka mibitsibitsika aminy izay olona tondroiny ho ratsy, dia manolotra azy ny vato kely entiny. Ka araka ny isan' ny latsa-bato no isan' izay tondroina ho ratsy miandry fitsarana.

Nony afaka havaloan' andro, dia ilazana ny be sy ny maro fa rahampitso marainakoa dia hosamborina ny meloka. Ka amin' ny takarivan' io andro io rahefa maty ny masoandro, dia miditra ao antanána ny naman' ny mpitsara, ka izao no teniny : « *Sarobabay, ka izay voa aza tezitra.*

Nony vao maneno ny akoho, ny mpitsara izay miova anarana, ka atao hoe : *mpanozon-doha*, dia mitety ny tanána miaraka amin' ny

lance une pierre contre la maison de chaque accusé et frappe à sa porte par trois fois.

— « *Qui va là ?* » crie-t-on de l'intérieur.

— « *Tu es un sorcier qui as jeté des maléfices sur mille hommes et mille femmes* », est-il répondu.

— « *Soit, je saurai me justifier,* » reprend l'accusé. Il sort et suit le juge.

Quand tous les coupables ont été convoqués de la même façon, ils entrent dans la maison où doit avoir lieu l'épreuve. La scène se passe dans l'intérieur d'une chambre, sous les regards des parents et des

namany. Ary torahana vato ny tranon'izay rehetra voampanga, sady doniny in-telo ny varavarana.

— « *Iza izao ?* » hoy ny ao an-trano.

Dia mamaly ny ao alatrano ka manao hoe : « *Mpamosavy hianao, ka efa namosavy arivo lahy sy arivo vavy.* »

— « *Aoka ary*, hoy ny ampangaina, *tsy maintsy hidio aho.* » Dia miyoaka izy ka manaraka ny mpitsara.

Rahefa voavory toy izany avokoa ny meloka rehetra, dia aiditra ao amin' ny trano hampinomana. Eo amin' ny efitra anankiray no anaovana ny fampinomana, ka atrehin' ny havana sy ny olom-pantatra,

Tananarive — Cathédrale.

amis de la victime, ainsi que des témoins et des aides opérateurs. Quant à la mère, à la femme et aux enfants, on les relègue au dehors près de la muraille est de la case que regardera l'accusé. Sur le sol repose une marmite neuve, une cruche neuve remplie d'eau, du riz, deux poulets, une poule qui a déjà pondu des œufs, une grappe de bananier en fleurs et un paquet de bois à brûler. L'accusé a pour tout vêtement celui qu'il tient de dame nature. Tel est l'usage.

La séance s'ouvre par le discours traditionnel, par des supplications à Ramanamango, le dieu qui, d'après le préjugé populaire, réside dans la noix du tanghen, pour qu'il frappe les coupables et sauve les innocents. L'un des aides verse de l'eau dans la marmite, y met du riz, la place sur les trois pierres du foyer et allume le feu. Le *mpanozon-doha* partage en deux parties égales une noix de tanghen, broie chacune d'elles sur une pierre, et mélange cette pâte avec du jus de banane ou de cardamome, *longoza*. Pour juger de la force du poison il en fait avaler aux deux poulets.

ary ny vavolombelona sy ny mpanampy ny mpampinona. Nera ny reny niteraka sy ny vady aman-janak' ilay ampinomina, dia avoaka ao am-body rindrina atsinanana. Eo akaiky misy vilany vao, siny vao feno rano, vary, vantotr' akoho roa, akoho iray efa manatody, embok' akondro, ary kitay hazo. Ary amin' izany, dia ampihanjahina ny olona ampinomina, fa izany no fomba.

Nony vita izany, dia atao ny kabary fanao sy ny fiantsoana an-dRamanamango mipetraka ao anatin' ny voan-tangena, hono, mba hamono ny ratsy sy hamelona ny marina. Ary dia mitsangana ny naman' ny mpanozon-doha mandrotsa-bary sy rano ao am-bilany, ka atainginy eo ambony tokoana ary asiany afo. Dia alain' ny mpanozon-doha ny voan-tangena anankiray, ka vakiny roa mitovy, sady torotoroiny eo ambony vato avy ireo vakiny roa ireo, ary ampifangaroiny amin' ny voan' akondro na voan-dongoza. Ny vantotr' akoho anankiroa aloha no ampisotroina ny poizina hitsapana ny heriny.

Quand le tanghen est réputé de bonne qualité, un deuxième aide saisit la poule, lui tord le cou et lui enlève les plumes du dos. Sur cette partie de l'animal il découpe trois tranches de peau bien égales, ayant chacune trois centimètres carrés environ.

L'accusé est assis par terre, les pieds étendus sur un bourrelet d'herbes sèches, la face tournée vers l'orient. Il prend les trois peaux et les avale l'une après l'autre sans les mâcher. Une inspection minutieuse de la mâchoire prouvera, du reste, s'il n'y a pas eu supercherie.

Puis, on lui verse de l'eau dans le creux des mains, et il la répand sous forme d'ablutions sur sa tête et sur sa poitrine que Ramanamango aura l'occasion de visiter tout à l'heure. « *Ouvres la bouche,* » crie le *mpanozon-doha;* à ce signal, chaque accusé reçoit du juge la dose de poison.

Au sein de l'assemblée une femme leur adresse cette apostrophe : « *Si tu es sorcier, meurs; sinon, vis.* » — « *Non, il n'encourra aucun*

Nony efa fantatra fa mahery ny tangena, dia alain' ny lehilaby anankiray ny akoho fahatelo, ka aolany ny hatony, ary ongotany ny volo eo an-damosiny, dia angalany didiny telo mitovy ny hodiny, ka efa-joro mitovy sakany sy lavany ireo hoditr' akoho telo ireo, ary tokony ho voan-tondro roa no habeny.

Asaina mipetraka amin' ny tany ny olona hampinomina, avalampatra eo ambony halam-bozaka maina ny tongony ary atodika miantsinanana izy. Dia omena azy ny hoditr' akoho telo, ary ataony telimoka tsirairay; ka zahana tsara ny vavany sao hamitaka izy.

Rarahana rano ny aty tánany, ka io rano io dia andiovany ny lohany sy ny tratrany, izay efa hotsidibin-dRamanamango. « *Sokafo ny vavanareo* » hoy ny mpanozon-doha. Amin' izay dia samy mandray sy misotro tangena ny olona ampinomina.

Dia mitsangana eo ampovoan' ny be sy ny maro vehivavy anankiray manao hoe : « *Raha mpamosavy hianao, matesa; fa raha tsy*

Tananarive. — Ancien palais de Justice.

reproche, » s'écrient du dehors la mère, la femme et les enfants de l'accusé; et les cheveux épars, le lamba placé à l'envers en signe de deuil, ils grattent la terre de la case, percent un trou à travers la muraille, et, remplissant leur bouche d'eau, ils la rejettent vivement sur le sol, comme pour se purifier d'une souillure.

L'un des aides opérateurs armé d'une bêche creuse à côté de l'accusé, dans le sol même de l'appartement, un trou qu'il recouvre d'un treillis de joncs, destiné à arrêter les matières solides qui seront évacuées.

Le juge place la grappe du bananier sur la tête de l'inculpé. Puis étendant sa main sur le front de la victime, il s'adresse à Ramanamango : « *O toi qui résides en ce moment dans le ventre d'un tel!* » — il désigne son nom — *tu vois le fond de sa conscience. S'il est coupable, qu'il meure; s'il est innocent, qu'il vive!* » Et dans sa longue imprécation contre les sorciers et les mauvaises gens, il s'interrompt de temps à autre pour dire à la divinité : « *Écoute, écoute, écoute, ô Mamamango!* »

Le poison ne tarde pas à produire ses effets. Le patient tremble de tous ses membres; l'anxiété se peint sur son visage; il vomit bientôt

mpamosavy kosa, aoka ho velona. » — « *Sanatria! tsy manan-tsiny na dia kely akory aza izy* », hoy ny renin' ilay ampinomina sy ny vadiny aman-janany ao alatrano. Ary mirakaraka volo daholo izy ireo, sady avadiny ny lambany ho mariky ny fisaonany, ka ohazany ny tany amin' ny trano, ary loahany ny rindrina; dia fenoiny rano ny vavany, ka abosasany mafy eo amin' ny tany toy ny midio amin-doto izy.

'Amin' izay ny anankiray amin' ny mpanampy ny mpanozon-doha dia maka angady, ka mankeo anilan' ny olona ampinomina, ary mihady lavaka izay saronany herana na zozoro voaharato, mba hisakana ny ventin-javatra haloan' ilay ampinomina tsy ho tafalatsaka ao anatin' ny lavaka.

Alain' ny mpanozon-doha ny sombok' akondro, ka ataony eo ambony lohan' ilay ampinomina, ary dia ahinjiny eo an-kandriny ny tánany, ka miantso an-dRamanamango izy manao hoe : « *Mandrenesa, Ramanamango, izay ao anaty kibon-dRanona ankehitriny* (dia tononiny ny anaran' ilay olona), *hianao ny ao am-pony, koa raha meloka izy, matesa; fa raha tsy meloka kosa, aoka ho velona!* » Ary nandritra io fanozonan-davanony ataony an' izay mamosavy sy ratsy fanahy io, dia miato matetika izy, ka miantso an-dRamanamango hoe : « *Mandrenesa, Ramanamango, mandrenesa, mandrenesa!* »

Tsy maharitra toy inona akory, dia miasa ny herin' ny poizins. Indro fa mipararetra ny tenan' ilay ampinomina, ary efa manahy

avec grands efforts. Tous les assistants se penchent et regardent si parmi les matières rejetées les trois peaux se trouvent intactes. Dans ce cas, le juge se dirige vers la porte et crie à la famille : « *Changez vos prières* », c'est-à-dire, réjouissez-vous, il est innocent. Même démonstration dans le cas où, le poison agissant comme purgatif, les trois peaux étaient autrement éliminées. Mais, si une ou deux seulement ont été vomies, les parents et les amis inquiets lui titillent le fond de la gorge, lui donnent de l'eau de riz chaude, jusqu'à leur expulsion complète.

L'absence des peaux dans les matières rejetées ou le déchirement de l'une d'entre elles constituait un signe manifeste de culpabilité. Alors, la victime était assommée séance tenante avec le grand pilon à riz ou à coups de pierre, son corps percé de coups de sagaie jusqu'à ce qu'il eût rendu le dernier soupir. Enfin son cadavre ignominieusement traîné par une corde à travers les rues, était à peine enfoui, la tête tournée vers le sud comme pour les sorciers, et il devenait bientôt la pâture des oiseaux de proie et des chiens.

(Iraka, août-septembre 1897). E. Colin, S. J.

2° Dispositions religieuses des Malgaches. — « Tous ces peuples ont une inclination à recevoir le baptème et à apprendre à servir Dieu. C'est pourquoi il n'y a point de lieu au monde où il soit si facile d'y planter notre religion. Il ne me reste que cet étonnement que les Portugais et les Espagnols, qui ont parcouru tantôt toute la terre habitable, aient laissé cette île jusqu'à présent sans y planter la foi chrétienne, vu que cette île est dans le passage pour aller dans les grandes Indes, et qu'elle est le meilleur entrepôt que l'on puisse choisir pour les navigations.

« Il semble que Dieu ait voulu réserver cet ouvrage à entreprendre à la nation française, puisqu'à présent il... l'a élevée jusqu'au point que de lui rendre cette nation tributaire et assujettie, en sorte qu'une poignée de Français a conquis sans y penser tout un grand pays qui, ayant goûté la facilité et la douceur de la nation française, se trouve maintenant heureux de la servir. Ce bonheur ne pouvait provenir d'autre chose que de la semence de l'Évangile que l'on y a jetée dès le commencement de la venue des Français... » (Flacourt, 1661. *Instructions et bons avis relatifs à Madagascar*. Voir *Notes et Explorations*, 30 juin 1897, p. 320).

velona ny endriny, ka mandoa mihoakoaka fatratra izy. Dia indray miondrika avokoa izay manatrika eo mba hijery raha voaloa ny hoditr' akoho telo, ka tsy nahasombinana. Raha sendra izany, dia lasa ny mpampinona mankery am-baravarana, ka miantso ny mpianakavin' ilay ampinomina manao hoe : « *Ovao ny vavakareo* », izany hoe, mifalia fa tsy manan-tsiny ny havanareo. Toy izany hiany koa no teny ataony, raha sendra nampivalana ny tangena, ka nivalana koa ny hoditr' akoho telo. Fa raha sendra hoditr' akoho iray monja na ny roa hiany no voaloa, dia be ahiahy ery ny havana aman-tsakaizan' ilay ampinomina, ka haroniny sy kitihiny ny tendany, sady ampisotroiny ranom-bary mafana izy mandra-pandoany ny hoditr' akoho telo.

Raha sendra tsy voaloa ireo hoditra ireo na voaloa hiany fa silatsilany, dia famantarana fa tena ratsy tokoa ilay ampinomina. Koa dia zerana fanoto eo no ho eo hiany izy, na toraham-bato, ary trebonina lefona ny tenany mandra-pialan' ny ainy. Ary taritaritina eran' ny lalambe ny fatiny, ka totofana tany kely foana, atao mianatsimo loha toy ny mpamosavy, ary tsy ela akory dia hanin' ny alika sy ny voromanidina.

2° Ny fitiavan' ny Malagasy vavaka. — « Ireo vahoaka rehetra ireo dia marisika amin' ny fandraisana batemy sy ny fianarana hanompo an' Andriamanitra. Ka noho izany tsy misy tany amin' izao rehetra izao mora anorenana ny fivavahana marina toa any Madagaskara. Fa ny mahagaga ahy dia ny mbola tsy nanorenan' ny Portugais sy ny Espagnols ny fivavahana katolika tamin' io nosy o, nefa izy saiky efa nitety ny tany rehetra sady ao no andalovana raha mankany India, ary tsara indrindra ametrahan' ny sambo mpivarotra ny entam-barony.

« Toa navelan' Andriamanitra ho anjarany Frantsa izany, satria nomeny azy ny voninahitra hanana io nosy io ho zana-taniny : noho izany, Frantsay vitsy foana tsy nanampo loatra dia nahazo io tany lehibe io. Ary ankehitriny ny mponina ao efa nanandrana ny hamoram-po sy ny halemem-panahin' ny firenena frantsay ka faly ery manaiky azy. Vokatry ny nitoriana ny Evanjely hatramin' ny voalohan' ny nahatongavan' ny Frantsay izany. »

TABLE DES MATIÈRES

FZAHAN-TAKELAKA

CH. POUSSIELGUE

ÉDITEUR

15, rue Cassette, Paris.